Richard Schöne

Griechische Reliefs aus athenischen Sammlungen

Richard Schöne

Griechische Reliefs aus athenischen Sammlungen

ISBN/EAN: 9783744644020

Hergestellt in Europa, USA, Kanada, Australien, Japan

Cover: Foto ©ninafisch / pixelio.de

Weitere Bücher finden Sie auf **www.hansebooks.com**

GRIECHISCHE RELIEFS: AUS ATHENISCHEN SAMMLUNGEN

THE LIBRARY OF
THE UNIVERSITY
OF MINNESOTA
OMNIBUS ARTIBUS

GRIECHISCHE RELIEFS

AUS ATHENISCHEN SAMMLUNGEN

HERAUSGEGEBEN

VON

RICHARD SCHÖNE

XXXVII TAFELN IN STEINDRUCK

MIT ERLÄUTERNDEM TEXT

LEIPZIG

DRUCK UND VERLAG VON BREITKOPF UND HÄRTEL

1872

Die zahlreichen Reliefs, welche während der letzten vierzig Jahre in Griechenland, vor Allem in Athen zu Tage gekommen sind, haben bis jetzt nur zu einem kleinen Theile für wissenschaftliche Zwecke verwerthet werden können. Als ich bei einem Aufenthalt zu Athen diesen auch nach Schölls und Anderer Mittheilungen überraschenden Reichthum mit Augen sah, glaubte ich nichts Nützlicheres thun zu können, als eine Sammlung derselben zur Veröffentlichung vorzubereiten. Dabei machten die beschränkten Kräfte eines Einzelnen und die beschränkte Zeit eine Auswahl nach bestimmten Gesichtspuncten unerlässlich.

Vor Allem habe ich von den Grabsteinen abgesehen, weil ich der Ansicht war und bin, dass sie einer eigenen möglichst umfassenden Sammlung bedürfen, für die das Material nicht in Athen allein gesucht werden darf; nur einige besonders merkwürdige Exemplare schienen eine baldige Veröffentlichung zu fordern. Aus ähnlichen Gründen habe ich auch die Reliefs der Stelen, die auf das Ephebenwesen der späteren Zeit sich beziehen, bei Seite gelassen. Dagegen richtete ich mein Hauptaugenmerk auf eine Sammlung der vorzüglichsten Votivreliefs und der wichtigsten unter den Darstellungen, welche zum Schmuck von öffentlichen Urkunden, von Volksbeschlüssen, Inventaren u. dgl. gedient haben. Reiche mythologische Darstellungen sind diesen Denkmälern fremd; aber die enge Beziehung zu Cultus und Staatswesen giebt ihnen einen besonderen Reiz und eine eigenthümliche Bedeutung, die dadurch noch erhöht wird, dass für den bei Weitem grössten Theil derselben die Zeit ihrer Entstehung sich genau oder annähernd bestimmen lässt. Neben der nicht unbedeutenden Anzahl ganz unbekannter Monumente dieser Art, welche die athenischen Sammlungen enthalten, habe ich kein Bedenken getragen, auch einige bereits veröffentlichte zu wiederholen, weil die Abbildungen allzu ungenügend, wie die bei Rangabé, oder schwer zugänglich, wie die in Le Bas' unvollendetem Werke, oder beides zugleich sind, wie die in den ersten Jahrgängen der Ephimeris. Ich hoffe, dass es mir gelingen wird, der vorliegenden Zusammenstellung nachtragsweise die wichtigsten hieher gehörigen Monumente der Museen von Berlin und London und einiger französischer und italienischer Sammlungen hinzuzufügen: ein eingehendes Studium zeigt, wie auch für diese Gattung von Denkmälern ein volles Verständniss nur von dem Überblick über grössere, möglichst vollständige Reihen zu erhoffen ist.

Den genannten Reliefs sind die erhaltenen Bruchstücke des Erechtheionfrieses vorausgeschickt, von denen bis jetzt nur ein kleiner Theil als das was sie sind, erkannt und veröffentlicht war.

Den Marmorskulpturen habe ich endlich eine Reihe alterthümlicher griechischer Thonreliefs angeschlossen, welche unsere Kenntniss dieser in mehr als einem Betracht interessanten Denkmäler wesentlich erweitern. Von dreien derselben, welche nach meiner Abreise von Athen aufgetaucht waren, verdanke ich die Zeichnungen Herrn Dr. Fr. Matz; von zwei Exemplaren des Berliner Museums war Herr Prof. E. Curtius so freundlich, die Veröffentlichung in dieser Sammlung zu gestatten.

Die hier vereinigten Monumente befinden sich mit zwei Ausnahmen sämmtlich in Athen. Dort habe ich, von den erwähnten drei Thonreliefs abgesehen, die Originale im December 1867 und Januar 1868 selbst untersucht und gezeichnet. Durch die Unterstützung der K. Akademie der Wissenschaften zu Berlin, der ich für diese Förderung meiner Arbeit zu dem grössten Danke verpflichtet bin, wurde es möglich, die gesammelten Zeichnungen in der vorliegenden Form zu veröffentlichen.

Die Lithographieen rühren von Herrn Ed. Kühnel her, bis auf drei Tafeln, die ich selbst auf Stein gezeichnet habe. Wie sehr diese Abbildungen einer nachsichtigen Beurtheilung bedürfen, fühle ich lebhaft; aber ich hoffe, dass man in ihnen wenigstens das gewissenhafte Bestreben einer treuen und unbefangenen Wiedergabe der Originale nicht verkennen werde. Da es unmöglich war, für die sämmtlichen Zeichnungen den gleichen Maasstab festzuhalten, so ist der leichteren Übersicht wegen der Maasstab der einzelnen auf den Tafeln neben den laufenden Nummern in Parenthese angegeben.

Den Zeichnungen sind die für die Benutzung der Monumente unentbehrlichen Angaben und Nachweisungen vorausgeschickt, soweit die mir zu Gebote stehenden Hilfsmittel das gestatteten. Die beigegebenen kurzen Erläuterungen können für nicht mehr als für einen ersten Beitrag zum Verständniss der Urkundenreliefs gelten. Dass die Untersuchung hier nur begonnen und vom Abschluss sehr entfernt ist, verkenne ich selbst am Wenigsten. Es würde mir eine Genugthuung sein, wenn dieser Versuch zur Lösung der sich aufdrängenden Probleme Anderen eine Anregung würde zu leisten, was ich zu leisten vergeblich bemüht gewesen bin.

Ich freue mich der Gelegenheit, dem Ephoros der griechischen Alterthümer in Athen, Herrn Eustratiadis, und dem Director des Museums der dortigen archäologischen Gesellschaft, Herrn Kumanudis, öffentlich den Dank zu wiederholen, den ich ihnen für ihre liberale und einsichtige Förderung meiner Arbeiten schulde. Ebenso haben die Herrn Prof. Komnos, Dir. Postolakka und Prof. Rhusopulos in Athen mich durch vielfache Gefälligkeit verpflichtet. Von der unermüdlichen und belehrenden Unterstützung, die ich von Prof. Köhler erfahren, giebt jedes Blatt des Textes Zeugniss. Öfter aber, als ich ausdrücklich habe erwähnen können, ist demselben auch die Theilnahme meines Freundes R. Kekulé zu Gute gekommen, der sich einer Durchsicht der Druckbogen unterzogen hat.

Halle a/S. im Mai 1872.

Richard Schöne.

TAFEL I. II. III. IV.

No 1—46.

Auf den ersten Tafeln sind die Bruchstücke zusammengestellt, die von dem Fries des Erechtheions erhalten sind. Dieser Fries besteht aus Platten von schwarzblauem Kalkstein, dem sogenannten Ἐλευσινιακὸς λίθος, von dem Thiersch Abh. der bayr. Ak. der W., Phil.-hist. Cl. V 3. S. 90 berichtet, er habe mit seinen Begleitern 'auf den Anhöhen von Eleusis noch ganz unerschöpfte Lager zu Tage liegen' sehen. Eine Anzahl dieser Friesplatten befindet sich bis heute an Ort und Stelle, andere liegen neben dem Tempel am Boden. Sie waren eben versetzt, als im Jahre 409 v. Chr. das bekannte Protocoll über den Stand des Erechtheionbaues aufgenommen wurde, CIG 160 mit der Ergänzung Rang. no 56. Dort heisst es Z. 40 ff. der ersten Columne τοῦ δὲ λοιποῦ ἔργου ἅπαντος ἐν κύκλῳ ὑπάρχει ὁ Ἐλευσινιακὸς λίθος πρὸς ᾧ τὰ ζῷα, καὶ ἐτέθη ἤδη ἐπὶ τῶν ἐπιστατῶν τούτων. In der That finden sich in den erhaltenen Kalksteinplatten die Löcher für die Dübel, mittels deren einst an ihnen mit der Rückseite Figuren befestigt waren: s. die Aufnahmen von Inwood und die Πρακτικὰ τῆς ἐπὶ τοῦ Ἐρεχθείου ἐπιτροπῆς Athen 1853. Ebenso sind auf der oberen Fläche des Epistyls Reste von Stiften gefunden, die den Figuren von unten Halt geben sollten, s. Bötticher Bericht über die Untersuchungen auf der Akropolis von Athen im Frühjahr 1862 S. 191. Ausserdem hat sich an dem eleusinischen Stein in der Nähe mehrerer Dübellöcher, also an Stellen, wo einst die Figuren ansassen, eine dünne Lage von Stuck oder Kitt erhalten, die jedenfalls dazu dienen sollte, die Verbindung luftdicht zu machen. Dieselbe Beobachtung ohne Zweifel ist es, von der bei Stuart und Revett I S. 525 Anm. 11 der Darmst. Ausgabe berichtet und eine wunderliche Erklärung gegeben wird. Was ebenda I S. 500 Anm.* über Anwendung von Marmorkitt gesagt ist, bleibt zweideutig.

Man hatte sich ehemals vorgestellt, die am Fries angebrachten Bildwerke seien aus Bronze gewesen: Pittakis L'ancienne Athènes p. 405; Ross Kunstblatt 1836 S. 172. Doch soll schon Inwood unter dem Schutt des Tempels ein Fragment des Frieses gefunden haben, Stuart u. Revett I S. 525 Darmst., von Quast Das Erechtheion S. 132. Zahlreiche Bruchstücke von weissem Marmor kamen dann bei den seit dem J. 1845 am und im Erechtheion veranstalteten Ausgrabungen vgl. Ross Arch. Aufs. I 98 ff. 121 ff. zu Tage. Dieselben sind an ihrer Grösse, an der Abplattung ihrer Rückseite und an den Löchern für die Dübel und Stifte kenntlich, mittels deren sie an den eleusinischen Stein und auf das Epistyl befestigt waren. Auch der eigenthümliche grobkörnige, der Verwitterung mehr als der gewöhnliche pentelische Stein ausgesetzte Marmor, aus dem sie bestehen, ist verhältnissmässig selten verwendet worden vgl. zu no 16 MN und erleichtert ihre Auffindung und Bestimmung. Spuren von Bemalung hat, so viel ich sehen können, die meist stark angegriffene Oberfläche nicht bewahrt, dagegen zeigen die Bohrlöcher an no 18 25, vgl. zu no 12, dass hie und da etwas angesetzt gewesen ist, vermuthlich aus Metall. Nachricht über die gefundenen Reste gab zuerst Rangabé in der Ephimeris arch. 1837 S. 68 ff. mit den mangelhaften Abbildungen no 33—49, dann in seinen Antiquités Helléniques I S. 73 ff. mit den noch schlechteren Abbildungen Tfl. III. IV no 61—85; am Besten Stephani Ann. dell' Inst. 1843 S. 310 ff. Bessere Abbildungen einer Auswahl gab Le Bas Voyage arch., Mon. fig. Tfl. 15—17; danach Overbeck Gesch. der griech. Plastik I² S. 318. Neue Bruchstücke, darunter wol no 11, kamen bei Böttichers Untersuchungen zum Vorschein, s. Bötticher a. a. O. S. 191. Vieles lag unerkannt unter den Sculpturentrümmern der Burg. Der Liberalität und umsichtigen Beihilfe des Herrn Eustratiadis, Ephoros der Alterthümer zu Athen, verdanke ich es, dass ich, unterstützt von meinen Freunden O. Benndorf und R. Kekulé, die Bruchstücke habe aufsuchen, sammeln, soweit möglich zusammensetzen und zeichnen können. Sie haben im Januar 1868 ihren Platz auf der Gallerie des sog. Häuschens am Erechtheion erhalten. Ich hoffe nichts übersehen zu haben: ein wesentlicher Zuwachs ist nur noch von einer Ausgrabung zu erwarten. Einige von Rangabé publicirte Stücke, deren eines auch Stephani beschreibt, habe ich nicht wieder aufgefunden. Mehrere gehörten, wie schon Stephani a. a. O. S. 310 andeutet, nicht zu diesem Fries: die anderen nach den kaum erkennbaren Abbildungen hier zu wiederholen, schien mir nutzlos. Dagegen habe ich für die bei Le Bas abgebildeten Stücke Durchzeichnungen nach dessen Stichen zu Grunde gelegt und vor den Originalen genau revidirt und ergänzt.

Als das oben erwähnte Protocoll über den Erechtheionbau aufgenommen wurde, war ein Anfang mit der Herstellung des Frieses gemacht. Weitere Nachrichten verdanken wir den erhaltenen Bruchstücken der Rechnungen über die Fortführung des Baues, welche nach Kirchhoffs Untersuchungen Bemerkungen über die Schatzmeister der anderen Götter S. 52 f. in das unmittelbar folgende Jahr 408 v. Chr. gehören. Ich citire die öfter gedruckten Inschriften nach Rangabé Ant. Hell. no 56 ff. und Stephani Ann. 1843 S. 318 ff. Dazu gehört noch Rangabé no 290 = Ephim. no 2260 und das wahrscheinlich ältere Bruchstück Hermes IV S. 37 ff. Die Texte habe ich nach den Originalen und einem Papierabdruck revidirt.

Gleich auf der ersten Tafel lässt sich eine freilich verstümmelte Stelle auf den Fries beziehen. Rang. 56 B 32, Steph. I B 32 [illegible]

Π.....: folgten die Namen und die gezahlte Summe. Die Ergänzungen sind nicht sicher, aber sehr wahrscheinlich. Weiter wird Rang. 57: Steph. II B 38 unter den Ankäufen Folgendes verzeichnet: μόλυβδος ἐωνήθη, δύο τάλαντα εἰς πρόσθεσιν τοῖν ζῳδίοιν παρὰ Σωστράτου ἐν Μελίτῃ οἰκοῦντος Δ. Das bei Weitem Wichtigste aber sind die Reste der Kostenberechnung für die am Fries ausgeführte Bildhauerarbeit. Sie stehen auf zwei Bruchstücken: Rang. 57 A: Steph. II A Z. 1—23 und Rang. 56 A: Steph. IV A: beide wiederholt bei G. Hirschfeld Tituli statuariorum sculptorumque graecorum S. 155 f.: das grössere auch bei von Quast Das Erechtheion S. 130 ff. Hilfstafel II: Brunn Gesch. der gr. K. I S. 249; Overbeck Schriftquellen no 900 und in einer mehrfach anfechtbaren Übersetzung in dessen Gesch. der gr. Plastik I[3] S. 317. — An dem zweiten kleineren Bruchstücke ist von allen Herausgebern ausser Pittakis in der Ephimeris no 2026 übersehen worden, dass über seiner ersten Zeile sich ein freier Raum von ungefähr 11 Centimetern befindet, auf dem von einer Zeile grösserer Buchstaben noch .... ΤΟΣ erhalten ist. Es ist danach kein Zweifel, dass das Fragment vom oberen Rande dieser Rechnungen herrührt und allein einen Rest ihrer Überschrift, vielleicht der Überschrift für das ganze Jahr bewahrt hat. Wahrscheinlich gehörte es zu derselben Tafel wie das andere Bruchstück, so dass also seine erste Columne den Anfang der ersten, seine zweite den Anfang der zweiten Columne des grösseren Bruchstückes gebildet haben würde. Dass die Masse diese Annahme erlauben, ist freilich deshalb kein Beweis, weil die sämmtlichen Bruchstücke, mit Ausnahme des im Hermes veröffentlichten, in der Grösse und Entfernung der Columnen und in allen sonstigen Besonderheiten der Schrift genau übereinstimmen. Die Annahme ist aber an sich wahrscheinlich.

Erhalten ist auf den Bruchstücken folgendes auf den Fries Bezügliche:

Rang. 56 A: Steph. IV A
1 ροντα νεανίσκον
2 .... ο..... τα αὐτῷ
3 .... ἐν Κολλυτῷ οἰκῶν
4 ...... καὶ τὴν ἅμαξαν καὶ τὼ
5 τὼ ἡμιόνω ΡΔΔΔΔ Ἀγαθὼν
6 ος Ἀλωπεκῆσι οἰκῶν τὸ γύνα-
7 ιον τὸ... τῇ ἁμάξῃ καὶ τ-
8 ὼ ἡμιόνω .... ακ

Wenn Z. 1 [φ]έροντα vorgeschlagen wird, so ist das nicht die wahrscheinlichste, sondern die unwahrscheinlichste Ergänzung: die Buchstaben können auch ..ροῦντα gelesen werden, anderer Möglichkeiten nicht zu gedenken. Die nahezu sicheren Ergänzungen von Z. 1. 5. 8 rühren von Prof. Kirchhoff her. Z. 6. 7. wollen die Herausgeber τὸ γύναιον τὸ παρὰ τῇ ἁμάξῃ schreiben: wahrscheinlicher ist eine andere Präposition, etwa ἐπί.

Rang. 57 Steph. II A
1 ... ρυ ἔχοντα ΡΔ Φυρόμα-
2 χος Κηφισιεὺς τὸν νεανίσκο-
3 ν τὸν παρὰ τὸν θώρακα ΡΔ Πραξ-
4 ίας ἐμ Μελίτῃ οἰκῶν τὸν
5 ἵππον καὶ τὸν ὀπισθοφανῆ τ-
6 ὸν παρακρούοντα ΗΔΔ Ἀντιφάν-
7 ης ἐκ Κεραμέων τὸ ἅρμα καὶ τ-
8 ὸν νεανίσκον καὶ τὼ ἵππω τὼ
9 ζευγνυμένω ΗΗΔΔΔΔ Φυρόμαχ-
10 ος Κηφισιεὺς τὸν ἄγοντα τὸ-
11 ν ἵππον ΡΔ Μυννίων Ἀγρυλῆ-
12 σι οἰκῶν τὸν ἵππον καὶ τὸν
13 ἄνδρα τὸν ἐπικρούοντα καὶ
14 τὴν στήλην ὕστερον προσέθη-
15 κε ΗΔΔΓ⊢⊢ Σῶκλος Ἀλωπεκῆ-
16 σι οἰκῶν τὸν τὸν χαλινὸν ἔ-
17 χοντα ΡΔ Φυρόμαχος Κηφισι-
18 εὺς τὸν ἄνδρα τὸν ἐπὶ τῆς βα-
19 κτηρίας ἑστηκότα τὸν παρὰ
20 τὸν βωμὸν ΡΔ Ἴασος Κολλυτε-
21 ὺς τὴν γυναῖκα ᾗ ἡ παῖς προσ-
22 πέπτωκε ΡΔΔΔ Κεφάλαιον ἀ-
23 γαλματοποιικοῦ ΧΧΧΗΗΗΔΓ λῆ-
24 μμα ΧΧΧΗΗΗ⊢⊢Ι: ἀνάλωμα τὸ α-
25 ὐτόν ἐπὶ τῆς Πανδι-
26 ονίδος ἑβδόμης πρυτανευούσης etc.

Die Ergänzungen sind so gut wie sicher. am Anfang hält Bergk. Zeitschr. für die AW 1845 S. 987 τὸν παῖδα τὸν τὸ δόρυ ἔχοντα für das kaum zweifelhaft Richtige. Zeile 7 will er ἀνακρούοντα schreiben: indess ist auf dem Stein vor dem zweiten Alpha ein deutlicher Rest des Ρ erhalten, so dass παρακρούοντα sicher steht.

Wir haben in diesen Bruchstücken einen Theil der Rechnungen über die Bildhauerarbeit am Fries und zwar aus der siebenten Prytanie des betreffenden Jahres. Es sind im Ganzen in dieser Prytanie 3315 Dr. für diese Arbeiten ausgegeben worden. Wenn hiermit die Gesammtausgabe dieser Prytanie in Widerspruch zu stehen scheint, welche Rang. 57: Steph. II A Z. 24 auf ΧΧΧΗΗΗΗ⊢⊢Ι angegeben wird, so liegt an dieser Stelle ein Versehen des Steinmetzen vor, welcher, wie sich aus Rang. 58. Steph. I A 66 ergiebt, ein Χ zu wenig eingrub. Da für eine Figur oder was ihr gleichkommt, 60 Dr. bezahlt werden, so sind in dieser Prytanie ungefähr 55 Figuren für den Fries fertig geworden. Rechnet man dass im Durchschnitt eine Figur einen Raum von M. 0,25 eingenommen habe, was ein sehr niedriger Ansatz ist, so wäre in dieser Prytanie eine Strecke des Frieses von 13—14 Metern vollendet worden. Auf welcher Seite des Gebäudes diese Strecke lag, ist nicht zu bestimmen: nur scheinen die in der Inschrift angedeuteten Gegenstände für die Façaden wenig geeignet. Ist ferner die oben angeführte auf Abnahme der Gerüste bezügliche Stelle richtig ergänzt, so wäre wol auch die südliche Langseite des Tempels ausgeschlossen.

Dass die Figuren in eben der Ordnung hier verzeichnet seien, in der sie im Fries Platz finden sollten, wie Bergk a. a. O. anzunehmen scheint und Brunn I 250 billigt, ist unerweislich, ja kaum wahrscheinlich. Vielmehr sind sie wol so aufgeführt, wie eine nach der anderen eingeliefert und bezahlt wurde. In ähnlicher Weise wird in der neunten Prytanie für Cannelirung derselben Säulen mehrmals an dieselben Leute bezahlt, je nachdem sie einen Theil vollendet hatten oder eine Abschlagszahlung, etwa in der Mitte der Prytanie, wünschten. Doch ist schon mit Rücksicht auf die Gerüste die Vertheilung der Bildhauerarbeiten ohne Zweifel in der Weise erfolgt, dass was zur Vollendung einer grösseren Strecke des Frieses gehörte, ungefähr gleichzeitig vollendet und versetzt werden konnte: und so ist es natürlich, wenn die in derselben Prytanie abgelieferten Gegenstände im Ganzen zusammenstimmen. Es scheinen meist Figuren zu sein, die am Wagen beschäftigt waren, die Pferde anschirrten und sich anschickten aufzusteigen, Gruppen, die man sich nach Art des Westfrieses und einiger Theile am Nordfries des Parthenon wird vorstellen dürfen. Eine Beziehung der vorhandenen Sculpturenreste auf die in der Inschrift erwähnten Darstellungen will leider nicht gelingen. Es fehlt nicht an Bruchstücken von Pferden und Wagen und von Figuren, die dazu passten; indess genau zutreffend ist keines derselben. Am Ehesten könnte man bei no 13 an die Frau denken ᾗ ἡ παῖς προσπέπτωκεν. Indess gehört das Bruchstück zu einer Gruppe von zwei fast selbständig nebeneinander ausgearbeiteten Figuren, und dass für diese nur 80 Dr. bezahlt worden wären, ist nicht wahrscheinlich.

Unter den aufgeführten Bildhauern sind zunächst drei attische Bürger Φυρόμαχος Κηφισιεύς, Ἀντιφάνης ἐκ Κεραμέων und Ἴασος Κολλυτεύς. Von diesen Namen kommt Phyromachos öfter in der Kunstgeschichte vor; aber schon C. Keil Anal. epigr. et onomat. S. 211 (vgl. Brunn I 219) hat gesehen, dass auf den hier erwähnten Phyromachos sich höchstens noch die Notiz bei Plin. N. H. XXXIV 80 'Pyromachi quadriga ab Alcibiade regitur' beziehen lasse. Der grössere Theil der Genannten sind Metöken: Πραξίας in Melite, Μυννίων in Agryle, Σώκλος in Alopeke wohnhaft; ferner Ἀγαθάνωρ, der nach einer sehr wahrscheinlichen Vermuthung von Ross (Kunstblatt 1840 S. 72) gleichfalls nach Alopeke gehört, und ein Anderer aus Kollytos, dessen Name verloren ist. Dass die Identificirung des hier genannten Praxias mit dem Ἀθηναῖος Πραξίας μαθητὴς Καλάμιδος (Paus. X 19, 4), der die Giebelgruppen des delphischen Tempels begann und über der Arbeit starb, chronologische Schwierigkeiten findet, hat Brunn I 219 gezeigt, vgl. Bursian Griech. Kunst S. 434. Auch haben wir es hier gewiss nicht mit Künstlern von irgend selbständiger Bedeutung zu thun.

Was die gezahlten Preise betrifft, so ist längst bemerkt, dass sie nur auf die Arbeit gehen können und dass das Material geliefert worden sein muss. Auch so erscheinen sie gering. Sind die Zeichen HΔΔ auf der Seitenfläche eines wie es scheint aus Delos stammenden Grabsteines im Brittischen Museum (Anc. Marbles in the Br. M. XI Tf. 50 mit S. Birch) für Angabe des Preises zu nehmen, — was freilich sehr ungewiss ist —, so würde die Arbeit daran noch niedriger geschätzt sein. — Ausser dem Material muss dem Arbeiter auch ein ausführliches Modell geliefert worden sein, wenn dasselbe auch nicht nothwendig in gleichem Maasstab mit den Marmorfiguren zu denken ist. Wunderbar bleibt auch unter dieser Voraussetzung die grosse Übereinstimmung der Stücke im Stil. Nur hie und da (z. B. no. 18) wird eine andere Hand fühlbar, sei es dass hier der erfindende Künstler nachgeholfen oder dass der ausführende Bildhauer sich grössere Selbständigkeit erlaubt hat. Schwerlich übrigens hat man bei und nach der Aufstellung der Figuren im Fries eine ausgleichende Ueberarbeitung, vielleicht durch den Urheber der Modelle selbst, entbehren können: schon das Zusammenpassen der Gruppen lässt sich ohne dieses nicht denken.

Wann der Fries vollendet worden sei, ist so wenig genau zu bestimmen, wie die Zeit der Vollendung des ganzen Tempels. Dass dieser im J. 406 v. Chr. durch Feuer litt, wie bei Xen. Hell. I 6, 1 berichtet wird, ist durch eine Inschrift (Hermes II S. 21) bestätigt, die sich auf eine dadurch nothwendig gewordene Ausbesserung in den ersten Jahren nach Eukleides bezieht. Ob das Gebäude aber vor der Feuersbrunst vollendet gewesen sei, wird uns nicht berichtet.

1. Untertheil einer auf einem Armstuhl sitzenden weiblichen Figur (Athene?), bekleidet mit dünnem Chiton und einem zweiten um die Beine geschlagenen Gewand, das an der rechten Seite des Oberkörpers herabgefallen zu sein scheint. Der Fuss des Sessels und die Armlehne, welche in einer Maske, wol einem Gorgoneion endet und auf einer kauernden Sphinx ruht, sind an der linken Seite erhalten, wie die Seitenansicht 1 *A* veranschaulicht. Auf der andern Seite sind beide bis auf geringe Reste weggebrochen.

Abgebildet Ephimeris no 39. Rangabé no 74. Le Bas Mon. fig. Tf. 17, 1. Overbeck Geschichte der griech. Plastik I² 318e.

Die Bewegung ist richtig beschrieben von Stephani Ann. 1843 p. 310 no 1; nur glaube ich nicht, dass er Recht hat mit den Worten 'in eo est ut surgat.' Die Angabe bei Stephani und Beulé (Acrop. d'Athènes II 280) dass die Armlehne in einen Löwenkopf endige, beruht auf einem Versehen. Abguss im Berliner N. Museum no 352.

2. Sitzende weibliche Figur, bekleidet mit Chiton und einem wie es scheint von den Schultern herabfallenden, um ihre Beine geschlagenen Gewande; auf dem Schoosse hat sie einen Knaben, der seinen rechten Arm ihr um den Hals schlang; auch der linke Arm war erhoben. Der Sitz ist formlos.

Abgebildet Ephim. no 49. Rangabé no 72. Le Bas Tf. 16, 2. Overbeck Geschichte der griech. Plastik I² 318d.

Beschrieben von Stephani no 13. Abguss im Berliner N. Museum no 353.

3. Untertheil einer steif sitzenden weiblichen Figur, mit langem Chiton bekleidet. Beide Kniee sind weggebrochen.

Abgebildet Rang. no 65. Le Bas Tf. 17, 4. Beschrieben von Stephani no 12 ('in eo est ut ad dextram spectatoris conversa surgat'; auch hier scheint mir diese Deutung nicht sicher). Abguss im Berliner N. Museum no 358.

4. Untertheil einer sitzenden weiblichen Figur, die mit Chiton und Himation bekleidet war. Der Sitz ist formlos.

Abgeb. Rang. no 61. Le Bas Tf. 15, 2. Beschrieben von Stephani no 11.

5. Untertheil einer männlichen Figur (Apollo) mit einem um die Beine geschlagenen Gewand. Sie sass nicht ganz im Profil, sondern halb nach vorn; der Sitz ist nach unten abgerundet wie das Becken einer Pauke. Am oberen Rande zeigen sich zwei Reihen runder Erhöhungen, welche auf der in der Abbildung nicht sichtbaren Seite weiter hinabreichen und dort deutlich als geknüpfte Wollbinden kenntlich sind. Augenscheinlich ist die Figur auf einem mit diesen Binden geschmückten Dreifuss sitzend zu denken.

6. Weibliche auf einem Felsen sitzende Figur, mit Chiton und Himation bekleidet. Auf dem Schoosse hat sie einen nackten Knaben, dessen Unterbeine frei ausgearbeitet waren und weggebrochen sind; am Sitz ist noch ein Ansatz davon erhalten.

Abgebildet Rang. no 66; Le Bas Tf. 16, 1. Beschrieben von Stephani no 14. Abguss im Berliner N. Museum no 354.

7. Weibliche, auf einem Felsen sitzende Figur, mit ärmellosem Chiton und Himation bekleidet. Sie hat sich vermuthlich mit der Linken auf den Felsen gestützt, der einen dafür passenden Vorsprung hat.

Abgeb. Ephim. no 12; Rang. no 73; Le Bas Tfl. 17, 2; Overbeck Gesch. der griech. Plastik I² 318 k. Beschrieben von Stephani no 10; Abguss im Berliner N. Museum no 357.

8. Fragment einer ähnlichen, gleichfalls weiblichen Figur.

9. Eine in der Bewegung no 7 sehr ähnliche weibliche Figur, mit Ärmelchiton. Sie sass auf einem Sessel mit Armlehnen.

10. Zwei Bruchstücke von den im Galopp anspringenden Hengsten eines Viergespannes. Auf dem rechts stehenden Fragment ist die Brust und der Ansatz der Vorderbeine vom ersten, Reste von den Leibern und Hintertheilen des zweiten und dritten Pferdes erhalten; das links stehende zeigt Brust und Vorderbeine des dritten und die Brust mit dem Halsansatz des vierten Pferdes. Am linken Vorderbein des dritten Pferdes ist ein Ansatz, wahrscheinlich von einem der Vorderbeine des zweiten Pferdes. Auf dem Rücken dieses letzteren ist eine kleine Erhöhung mit einem Bohrloch, wol um hier Bronze anzufügen. Das grössere der beiden Bruchstücke ist abgebildet bei Rang. no 70; Le Bas Tfl. 17, 5; beschrieben von Stephani no 17. Abguss im Berliner N. Museum no 360.

Vielleicht gehörte zu diesem Viergespann das Fragment no 13, welches durch Versehen des Lithographen nicht in dessen Nähe gerückt ist. Man erkennt deutlich Reste von zwei aus einem Stück gearbeiteten Figuren: von den Oberschenkeln und dem Unterleib eines nackten Jünglings, den man sich in der Stellung eines die Zügel anziehenden und sich zurückstemmenden Wagenlenkers denken kann (etwa wie die Figur des Parthenonfrieses bei Michaelis Tfl. XII 12 no 46), und vom rechten Arm und der rechten Schulter einer mit Chiton oder Chitoniskos bekleideten Figur, welche tiefer stand, vielleicht im Begriff auf den Wagen zu steigen und mit der vorgestreckten rechten Hand den Rand der Wagenbrüstung zu fassen. Die Gruppe lässt sich ohne Schwierigkeit reconstruiren nach den oben erwähnten Figuren des Parthenonfrieses; man vergleiche bei Michaelis Tfl. XII die Gruppen 49, 50, 56, 57, 61, 65; vergl. das Relief aus Oropos Mon. IV 5, Welcker AD II Tfl. IX 15). Freilich bleibt der bemerkenswerthe Unterschied, dass dort die Wagenlenker der allgemeinen Sitte entsprechend bekleidet sind, während auf dem vorliegenden Fragment die als Wagenlenker zu denkende Figur unbekleidet gewesen wäre. Der ziemlich formlose Ansatz oberhalb der bekleideten Schulter ist mir unerklärlich geblieben. Die drei Puncte am untern Rande des linken Oberschenkels deuten drei flache absichtlich angebrachte Löcher des Originals an.

11. Rest eines stehenden oder langsam schreitenden Zweigespanns Hengste mit dem Wagen und einem auf demselben stehenden unbekleideten Manne. Über dem Hintertheil des vorderen Pferdes ist eine Erhöhung, die mir am Original unverständlich geblieben ist. Die senkrechte Erhöhung am Wagen ist ein Rest des Pferdeschwanzes, der sehr einfach gearbeitet war. Das hintere Pferd steht so viel weiter rechts als das vordere, dass es vielleicht noch nicht angespannt war. An τὼ ἵππω τὼ ζευγνυμένω, die in der Inschrift erwähnt werden, ist jedoch nicht zu denken.

Bötticher Untersuchungen u. s. w. S. 194 sagt von den bei seinen Nachgrabungen gefundenen Friesfragmenten: 'unter Letzteren waren besonders an Fragmenten von Wagen mit Pferdegespannen die Bohrlöcher unter dem Fussende wohl erhalten, mit welchen sie auf die verticalen Stifte eingesetzt standen, die sich zu diesem Zwecke auf der Oberkante des Epistylion befanden.' Von solchen Bruchstücken habe ich nur no 10 und 11 zu entdecken vermocht; da auf beide Böttichers Angabe nicht zutrifft, ist vielleicht anzunehmen, dass no 11 seit der Auffindung weiter verstümmelt worden ist.

12. Gruppe zweier Männer. Der eine stützte sich mit der linken Achsel auf einen Stock, für dessen Einsetzung rechts von dem herabhängenden Gewandzipfel bei *a* ein Loch eingebohrt ist. Der andere kniet und scheint am linken Fuss die Sandale befestigt zu haben.

13. Gruppe zweier, mit Chiton und Himation bekleideter Frauen. Die eine, an deren rechtem Fuss eine starke Sohle zu erkennen ist, schritt langsam nach rechts aus, die andere ist in die Kniee gesunken.

Abgebildet Ephim. no 38. Rang. no 67; Le Bas Tfl. 15, 1. Abguss im Berliner N. Museum no 356. Beschrieben von Stephani no 16, der auch an die Frau ᾗ ἡ παῖς προσπέπτωκεν gedacht hat; ebenso Beulé L'acrop. d'Athènes II 286; vergl. oben S. 5.

14. Bruchstück einer eilig ausschreitenden, mit langem Chiton bekleideten weiblichen Figur.

15. Bruchstück einer ähnlichen Figur.

Abgebildet Rang. no 68; Le Bas Tfl. 17, 6; Overbeck Gesch. der griech. Plastik I² 318 e. Beschrieben von Stephani no 7.

16. Gruppe zweier Frauen, die rechts stehende mit ärmellosem Chiton, die links stehende mit Chiton und Himation bekleidet. Sie schreiten beide lebhaft aus; es scheint als werde die linke von der anderen mit fortgezogen. An der Stelle, wo man an der vorderen Figur den linken Unterarm zu sehen erwartet, ist ein Bohrloch; vielleicht war er angesetzt.

Abgeb. Rang. no 71; Le Bas Tfl. 16, 2; Overbeck Gesch. der griech. Plastik I² 318 d. Abguss im Berliner N. Museum no 355. Beschrieben von Stephani no 15: 'altera est in eo ut cadat, sed sublevatur ab altera.' Mir scheint die Bewegung vielmehr die oben angegebene; ebenso hat sie Beulé L'acrop. d'Ath. II 286 verstanden: 'deux femmes, dont l'une se porte en avant et semble vouloir entraîner l'autre.'

17. Bruchstück einer lebhaft ausschreitenden weiblichen Figur.

18. Weibliche, mit Chiton und Himation bekleidete Figur. Sie ruhte auf dem rechten Bein und hatte den linken Fuss auf irgend eine Erhöhung gestützt. Rechts bei *c* ist der Rest eines Baumstammes erhalten, der hier abgebrochen ist und sich sicher nach oben fortsetzte, wahrscheinlich so weit, dass der linke Arm, etwa im Ellenbogen, darauf gestützt sein konnte. Ein solches Aufstützen setzt die ganze Bewegung, namentlich die Haltung der linken Schulter nothwendig voraus.

19. Weibliche mit ärmellosem Chiton bekleidete Figur. Sie ruhte auf dem linken Bein und scheint mit dem rechten Arm irgendwie aufgestützt gewesen zu sein. Die Linke war vielleicht auf die Hüfte gestemmt.

20. Knieende mit doppeltem Gewand bekleidete weibliche Figur; an ihrem linken Fuss ist eine starke Sohle zu sehen.

Abgeb. Rang. no 76; Le Bas Tfl. 15, 5. Beschrieben von Stephani no 9.

21. Fragment einer stehenden mit Chiton bekleideten weiblichen Figur; sehr ruinirt. Sie ruhte auf dem linken Bein und hatte den rechten Arm über den Leib gelegt, während die Linke, wie es scheint, das Gewand erhob.

Abgebildet Rang. no 75; Le Bas Tfl. 17, 3. Beschrieben von Stephani no 2, der die Bewegung der Figur anders aufzufassen scheint.

22. Zwei Bruchstücke einer auf dem rechten Bein stehenden, mit langem Chiton bekleideten weiblichen Figur, welche sicher zusammengehören, obgleich zwischen ihnen ein Stück fehlt. So beschreibt sie schon Stephani no 3, und ebenso erscheinen sie bei Le Bas Tfl. 15, 3. Die Abbildung bei Rang. no 63 und Overbeck Gesch. der griech. Plastik I[2] 318 a giebt keine Andeutung einer Ergänzung; nur einen Bruch erkennt man darauf. In der Ephim. no 17 ist die untere Hälfte allein abgebildet.

23. Bruchstück einer ähnlichen Figur von besonders starkem Relief.

24. Bruchstück eines auf dem linken Fuss ruhenden Mannes mit entblösstem Oberkörper, um Hüften und Beine war ein Gewand geschlungen.

25. Bruchstück einer auf dem rechten Fuss ruhenden mit Chiton bekleideten weiblichen Figur. Zwei Bohrlöcher deuten auf angesetzt gewesenen Bronzeschmuck.

26. Bruchstück einer verwandten Figur, die, ähnlich wie no 21, mit der Linken ihr Gewand erhoben zu haben scheint.

27. Bruchstück einer sitzenden mit doppeltem Gewand bekleideten weiblichen Figur; der Sitz scheint ein Fels sein zu sollen. Das Ganze ist sehr beschädigt.

28. Bruchstück einer sitzenden männlichen Figur. Das um die Beine gelegte Gewand fiel wie es scheint von den Schultern herab; der Unterleib, wol der ganze Oberkörper war entblösst.

29. Bruchstück einer ähnlichen Figur, die auf einem anscheinend mit Armlehnen versehenen Sessel sass. Bei *a* ist die Unterfläche glatt bearbeitet, der Sessel war also unterhöhlt. Das Ganze ist sehr beschädigt.

30. Mittelstück einer anscheinend männlichen auf dem linken Bein ruhenden Figur; sehr beschädigt.

31. Bruchstück einer weiblichen Figur in langem Chiton; sie ruhte auf dem linken Fuss und scheint hohe Sandalen getragen zu haben. Auf der Unterfläche ist ein eingegossener runder Eisenstift erhalten, der mir jedoch modern schien.

Abgebildet bei Rang. no 61. Beschrieben von Stephani no 5, wo 64 Druckfehler für 61 zu sein scheint.

32. Bruchstück einer ähnlichen Figur.

33. Bruchstück einer weiblichen Figur in gegürtetem Chiton, die auf dem linken Bein ruhte. Sehr beschädigt.

34. Bruchstück einer weiblichen nach rechts eilenden Figur, die mit einem ärmellosen Chiton bekleidet war.

Vielleicht ist damit das Fragment identisch, was in der Ephimeris unter no 35, bei Rang. no 81 abgebildet ist, vorausgesetzt, dass der Zeichner es fälschlich im Profil stellte.

35. Ähnliches Bruchstück einer stehenden weiblichen Figur. Auf der unter B abgebildeten Rückseite ist das längliche Dübelloch erhalten; im Übrigen zeigt dieselbe statt einer glatten Fläche eine kreuzförmige Erhöhung, deren Zweck nicht mit Sicherheit zu erkennen ist.

36. Torso einer männlichen unbekleideten Figur; die Beine scheinen gekniet, die Arme erhoben gewesen zu sein.

Abgebildet Ephim. no 40. Rang. no 79; Overbeck Gesch. der griech. Plastik I[2] 318 f.

37. Torso einer stehenden weiblichen Figur mit einem nach Art der nassen Gewänder anliegenden Chiton.

38. Torso einer stehenden männlichen Figur. Auf der rechten Schulter ist der Rest einer Chlamys erhalten. Der rechte Arm ist anscheinend stark erhoben gewesen.

Abgebildet Ephim. no 34. Rang. no 78.

39. Obertheil einer auf dem rechten Beine ruhenden mit einem Chiton bekleideten weiblichen Figur.

40. Bruchstück einer auf dem linken Bein ruhenden mit Chiton und Himation bekleideten Figur.

41. Bruchstück einer männlichen Figur, die auf dem rechten Beine ruhte und mit einer Art Schurz bekleidet war; der Oberkörper war entblösst.

42. S. unter no 10.

43. Bruchstück einer halb nach rechts gewendeten, stehenden oder wenig ausschreitenden Figur; dass sie männlich war, ist wahrscheinlich, aber nicht gewiss.

44. Bruchstück einer auf dem rechten Beine ruhenden, mit Chiton und Himation bekleideten weiblichen Figur.

Abgebildet Ephim. no 48. Rang. no 77. Le Bas Tfl. 15, 4. Beschrieben von Stephani no 4.

45. Bruchstück einer auf dem rechten Beine ruhenden männlichen Figur; erhalten sind die Schenkel bis zu den Knieen.

46. Bruchstück einer stehenden oder langsam schreitenden, mit Chiton und Himation bekleideten weiblichen Figur; sie scheint im Profil dargestellt gewesen zu sein.

Abgebildet Ephim. no 41. Rang. no 62. Le Bas Tfl. 15, 6. Beschrieben von Stephani no 6. Wahrscheinlich identisch mit diesem ist das bei Le Bas Tfl. 15, 7 abgebildete Fragment, welches in allen Hauptsachen dieselben Formen zeigt. Ein zweites ähnliches Bruchstück im Original aufzufinden, ist mir nicht gelungen.

Zu diesen Fragmenten kommen noch einige kleinere, welche mir der Publication nicht werth schienen.

46 A. Schmales Mittelstück einer nach rechts eilenden mit dünnem Gewand bekleideten weiblichen Figur.

46 B. Linke Schulter mit dem Oberarm einer weiblichen Figur, welche nach links gewendet gewesen zu haben scheint. Der Arm war hoch aufgestützt.

46 C. Linke Brust und Hüfte mit Ansatz des Oberschenkels einer sitzenden weiblichen Figur, die mit einem Chiton bekleidet gewesen zu sein scheint.

46 D. Bruchstück einer stehenden weiblichen Figur; es scheint zu den Beinen gehört zu haben, ein anderes kleineres rührt aus der Gegend der Kniee her.

46 E. Endlich ist ein Bruchstück eines nach links gewendeten sitzenden Jünglings zu erwähnen (erhalten sind nur die von einem Gewand bedeckten Beine ohne die Füsse, mit Ansatz des Unterleibs), von dem es mir jedoch mehr als zweifelhaft erschien, ob es in diese Reihe gehörte.

Dazu kommen noch einige nur in Abbildung bekannte Fragmente.

46 F. Bruchstück einer auf dem linken Bein ruhenden, mit langem Chiton bekleideten weiblichen Figur: Ephim. no 33.

46 G. S. oben unter no 34.

46 H. Obertheil einer weiblichen Figur in gegürtetem Chiton, der die rechte Brust entblösst lässt: Ephim. no 37; Rang. no 82; Overbeck Gesch. der griech. Plastik I² 315 g.

46 I. Bruchstück einer nach links schreitenden langbekleideten weiblichen Figur: Ephim. no 41; Rang. no 60. Beschrieben von Stephani no 8.

46 K. Nackter männlicher Torso: Ephim. no 43; Rang. no 80; Overbeck Gesch. der griech. Plastik I² 315 h.

46 L. Bruchstück einer nach links gewendeten bekleideten sitzenden Figur: Ephim. no 45; Rang. no 83. Unter den Füssen scheint eine verhältnissmässig hohe verzierte Basis oder ein Fussschemel zu stehen. Indess sind die Abbildungen so unvollkommen, dass das Einzelne unverständlich bleibt.

46 M N. Zwei verstümmelte sitzende Idole der Magna Mater: Ephim. no 36. 46; Rang. no 84. 85; das letztere auch bei Overbeck Gesch. der griech. Plastik I² 315 h. Sie gehören zu der von Stephani Ausr. Herakles S. 65 ff. behandelten sehr zahlreichen Classe und haben mit dem Fries nichts zu thun. Der Irrthum mag auch dadurch herbeigeführt sein, dass auf der Burg sich mehrere solche Idole von einer zu dem Fries ungefähr passenden Grösse und von dem gleichen grobkörnigen Marmor finden, der für die Figuren des Frieses verwendet ist. Dass sie aber nicht hieher gehören, lehrt der Augenschein.

Anordnung und, was damit nahe zusammenhängt, Deutung der Fragmente, ruhen auf sehr unsicherer Grundlage. Wahrscheinlich hat man im Mittelalter den Fries systematisch zerstört, sobald man die daran verwendeten Eisendübel entdeckt hatte: sie waren hier zugänglicher und zahlreicher, als an den meisten anderen Stellen, wo man ihnen nachgespürt hat. Dabei scheinen die Köpfe absichtlich vernichtet worden zu sein, da sich nicht ein einziges sicher oder auch nur wahrscheinlich zugehöriges Exemplar hat finden lassen.

Für die Composition des Ganzen ist wichtig zu bedenken, dass der Fries der nördlichen Prostasis mit dem Fries des übrigen Tempels nicht zusammenhing. Auch seine Höhe war nicht ganz dieselbe; doch ist der Unterschied nicht gross genug, um daraus Schlüsse in Bezug auf die angebrachten Figuren zu ziehen. Die einzige nähere, für die einstige Anordnung der Bildwerke bedeutsam scheinende Nachricht über ihre Auffindung würde die mündliche Mittheilung von Pittakis an Bötticher (s. dessen Catalog S. 186) sein, dass no 1. 2. 6. vor der nördlichen Vorhalle gefunden seien. Wer jedoch Pittakis' Fundberichte von seinem Ancienne Athènes bis zu seinen letzten Angaben in der Ephimeris einigermassen verfolgt hat, wird es richtig finden, wenn ich diese Nachricht ganz aus dem Spiele lasse und dabei bleibe, mich einzig auf das Wenige zu beschränken, was aus den Bruchstücken selbst zu erkennen ist. Zu beachten ist dabei vor Allem, dass die Figuren, von denen wir Bruchstücke besitzen, schwerlich hingereicht haben würden, um auch nur die beiden Giebelseiten des Haupttempels oder den Fries der nördlichen Prostasis zu füllen.

Ein Blick auf die Tafeln genügt um zu zeigen, dass die Figuren nicht alle streng dem gleichen Massstab folgten: s. besonders no 36. 37. 38; auch no 27. 28. Die kleineren sind so sehr in der Minderzahl, dass man schwerlich dabei an Menschen, bei den grösseren an Götter zu denken hat. Vielmehr werden die Unterschiede durch die Composition bedingt gewesen und durch die Umgebung wenig fühlbar gemacht worden sein.

Für die Deutung giebt einen Anhalt zunächst nur no 5: trotz der mangelhaften Erhaltung darf man bestimmt darin einen auf einem Dreifuss Sitzenden, also sehr wahrscheinlich einen Apollo erkennen. Vielleicht ist ferner no 1 Athene. Die eigenthümliche, bei näherer Untersuchung unzweideutige Stellung scheint mir eine steif und ungeschickt en face sitzende Figur zu verrathen, die schon dadurch und durch den Schmuck ihres Sessels unter allen übrigen sich auszeichnet. Die natürlichste Annahme ist, dass sie irgendwo, am Wahrscheinlichsten über der östlichen Vorhalle die Mitte des Frieses eingenommen und dass sie die Burggöttin selbst dargestellt habe. Die Nachbildung eines bestimmten Cultusbildes darin zu sehen, läge an sich noch keine Veranlassung vor. Nur ist die Composition, namentlich die parallele Anordnung der Beine in diesem sonst völlig frei stilisirten Fries kaum anders zu erklären, als durch Anlehnung an einen hergebrachten alterthümlichen Typus. Man kann dabei entweder an die Darstellung eines alten Götterbildes denken, wie sie in der Giebelgruppe des Paionios zu Olympia vorgekommen zu sein scheint (Paus. V 10, 6 vgl. Overbeck Kunstmyth. II S. 49); oder nur an eine von einem solchen Bilde beeinflusste Darstellung der Göttin selbst. In beiden Fällen drängt sich die Vermuthung einer Beziehung zu dem Schnitzbilde der Athene Polias auf. Allerdings pflegt man seit Jahn's Untersuchungen (De ant. Minervae simulacris att. S. 7 ff.), deren Ergebnissen auch Gerhard in der Nachschrift zum Wiederabdruck seiner Abhandlung über die Minervenidole Athens (Akad. Abhh. I S. 255 ff.) sich zuneigt, dieses Schnitzbild stehend zu denken, in der Haltung, in welcher die Göttin auf den panathenäischen Preisamphoren erscheint. Bis jetzt jedoch sehe ich in der Frage keinen genügenden Anhalt zu einer Entscheidung. Von der Darstellung der Athene auf den genannten Vasen muss das alte Schnitzbild der Polias, auch wenn es gestanden haben sollte, stark verschieden gewesen sein: an einem Götterbilde, das man vorzugsweise zu nennen pflegte, wenn es galt, das Älteste und Ursprünglichste in dieser Art anzuführen, werden wir nicht Züge voraussetzen dürfen, welche von den Alten ausdrücklich den Neuerungen des Dädalus beigezählt werden. Und ob die Burggöttin auf diesen Gefässen gerade in der Stellung des Cultusbildes erscheinen musste, ob nicht Übereinstimmung in den Attributen genügte, das darf man wenigstens als fraglich ansehen. Unzweideutig ist allein die Stelle des Athenagoras (leg. pro Christ. 14); aber ein Autor wie dieser genügt nicht, um jeden Zweifel auszuschliessen; vgl. Förster Über die ältesten Herabilder S. 31. — Bötticher in seinem Catalog deutet das Fragment auf 'Athene als Pandrosos.'

Noch unsicherer ist die Deutung der übrigen Bruchstücke.

Die verhältnissmässig grosse Zahl sitzender Figuren, besonders aber die angeführten, wie ich glaube, sicheren Reste zweier sitzender Göttergestalten machen es sehr wahrscheinlich, dass an der Frontseite des Tempels, nach Analogie der entsprechenden Theile des Frieses am Parthenon, am Niketempel, am Theseion, eine Reihe von Göttern um Athene vereinigt waren. Da die Bruchstücke in irgend welche Ordnung gebracht werden mussten, habe ich eine Anzahl einigermassen symmetrisch vertheilt, ohne Anspruch natürlich, damit die ursprüngliche Reihenfolge getroffen zu haben. Nur die beiden Frauen, welche je einen Knaben auf dem Schoosse haben, sind so augenscheinlich als Gegenstücke componirt, dass man daraus auf die Stellung, die sie zu einander hatten, einen Rückschluss wird machen dürfen. Anderer Meinung scheint freilich Welcker Götterlehre II S. 552 zu sein. 'Unter den Überresten von dem Fries des Erechtheion, dessen Inhalt und Plan im Ganzen nicht zu errathen ist, kommt mehrmals wiederholt vor die Mutter Demeter mit dem Sohn auf dem Schoosse: Jacchos ist ziemlich erwachsen, so dass man durch die Composition unwillkürlich erinnert wird an das Werk des Michel Angelo in der ersten Capelle der Peterskirche rechter Hand. Der auffallende Umstand, dass die Marmorreliefe hier auf Blöcken des harten, schwarzen Steins von Eleusis mit eisernen Nägeln aufgeheftet waren, möchte daraus zu erklären seyn, dass die Vorstellung Eleusis angieng, da die alte Kunst in dem Material Rücksicht auf die Vorstellung zu nehmen seit alter Zeit gewohnt und Bedeutung darin zu legen oft sehr spitzfindig war.' Die letztere Annahme ist mir wenig wahrscheinlich, schon weil der eleusinische Stein u. A. auch an den Propyläen verwendet ist, mit der deutlichen Absicht einer einfach malerischen Wirkung: ebenso ersetzt er im Fries die Bemalung des Reliefgrundes. Dass ferner Demeter mit Jakchos an dem Fries eines Athenatempels mehr als ein Mal sollte vorgestellt worden sein, würde ich ohne zwingende Gründe, die uns fehlen, nicht glauben annehmen zu dürfen. Freilich bleibt man um die Deutung der zweiten Gruppe verlegen. Stephani a. a. O. S. 313 dachte an eine wiederholte Darstellung der Athene mit Erichthonios; Beulé (II S. 287) an Pandrosos mit Erichthonios. Friederichs Bausteine S. 186 hebt die Möglichkeit hervor, dass die Gruppen aus dem Leben genommen seien; und ähnlich ist Böttichers Deutung (in seinem Catalog no 353. 354) auf zwei athenische Mütter, jede mit einem 'Knäbchen, wol ihrem Sohne, im Schoosse, es dem Segen und Schutzwalten der Landesmutter Pandrosos zu unterstellen.' Auch hier ist vorläufig Gewissheit nicht zu erreichen.

Über den Gegenstand des Frieses im Ganzen auch nur eine Vermuthung aufzustellen, ist bei dem Mangel einer festen Grundlage nutzlos. Nur das darf man behaupten, dass das Vorherrschen der weiblichen Figuren unter den erhaltenen Bruchstücken und demgemäss wol auch in dem ganzen Fries einen dem Parthenonfries entsprechenden Gegenstand auszuschliessen scheint.

TAFEL V. VI.

No 47. 47 A.

47. 47 A. Runde Marmorbasis, gefunden im Dionysostheater, wo sie noch gegenwärtig, hinter dem Bühnengebäude, unter den herumliegenden Trümmern aufgestellt ist. Die Inschrift ist bekannt gemacht von Kumanudis in der Ἀρχαιολογικὴ Ἐφημερίς vom 30. Jan. 1866, danach im Philol. XXIV 540, nach dem Original im Bull. 1868 S. 69.

Die Basis ist am unteren und oberen Rande vielfach bestossen, so wie no 47 A zeigt. In der aufgerollten Darstellung der Reliefs habe ich mir ausnahmsweise die Ergänzung der beschädigten Ornamente erlaubt, weil über dieselbe kein Zweifel möglich ist und es unnöthig schien, die Wirkung des Ganzen durch Wiedergabe dieser zufälligen Verletzungen zu beeinträchtigen. Zwischen der dritten und vierten Maske ist unten ein Stück absichtlich abgearbeitet, wie sich auch in der Abbildung angedeutet findet, es scheint, dass hier eine Stufe oder etwas Ähnliches angesetzt worden ist. Die obere Fläche der Basis ist nur rauh und so bearbeitet, dass sie nicht bestimmt gewesen sein kann gesehen zu werden. Vielleicht stand hier ein grösseres Weihgeschenk mit einer besonderen Plinthe, vielleicht ein Dreifuss.

Die Inschrift lautet Πιστοκράτης καὶ Ἀπολλόδωρος Σατύρου Αὐρίδαι πομποστολήσαντες καὶ ἄρχοντες γενόμενοι τοῦ γένους τοῦ Βακχιαδῶν ἀνέθηκαν. Sie hat in den Buchstabenformen die grösste Ähnlichkeit mit der in ihrer Nähe gefundenen Amphiktyoneninschrift Kumanudis Ἀρχαιολογικὴ Ἐφημερίς 15. Jan. 1866, danach Philol. XXIV 537. Wescher Étude sur le monument bilingue de Delphes S. 200 ff., von deren Anfang sich ein Facsimile findet bei Bücher De gente Aetolica amphictyoniae participe. Bonn 1870, und die nach dessen Untersuchungen ib. S. 12 ff. zwischen 140 und 130 v. Chr. in Stein gegraben zu sein scheint. Pistokrates und Apollodoros haben ohne Zweifel nicht die erhaltene Basis allein, sondern auch was sie trug, geweiht. Dass die Weihung an Dionysos erfolgt war, verstand sich nach der Aufstellung in dessen Temenos von selbst. Was mit πομποστολήσαντες gemeint sei, wird sich nicht im Einzelnen angeben lassen: dass das Wort von Cultushandlungen gebraucht wurde, zeigt Strabo XIV 639 ὁδὸς .... ἱερὰ καλουμένη, δι' ἧς πομπεύουσι τὰ ἱερά. Als eine Art von Umschreibung davon wird man ansehen dürfen, was in der Ephebeninschrift Philist. I S. 18 = Ephim. 4098 Z. 8 und ähnlich ib. S. 50 = Ephim. 4104 Z. 8 ff. und Eph. 4107 Z. 7 ff. von den Epheben gesagt wird ἐπόμπευσαν τῇ Ἀρτέμιδι τῇ Ἀγροτέρᾳ, ἀπήντησαν δὲ καὶ τοῖς ἱεροῖς καὶ προέπεμψαν αὐτά, ὁμοίως δὲ καὶ τὸν Ἴακχον. Vielleicht hing diese Function mit der Übernahme der anderen als ἄρχοντες τοῦ γένους τοῦ Βακχιαδῶν zusammen. Von Archonten und Zahlmeistern attischer Geschlechter sind uns aus römischer Zeit einige, doch nicht viele Beispiele bekannt. So werden in dem Verzeichnisse des Geschlechtes der Amynandriden ein Archon.

ein Priester des Kekrops und ein Zahlmeister des Geschlechts genannt, Meier Hall. Lit. Zeit. 1838 S. 353 ff. und Ross Demen S. 24 no 6. Ein ἄρχων τοῦ Κηρύκων γένους wird CIG. 397. 399 erwähnt; ein ἄρχων und ein ταμίας τοῦ γένους τῶν Εὐμολπιδῶν in der Inschrift Philistor II 235 f.; Hermes I 405 ff. Vgl. den γραμματεὺς τοῦ γένους τῶν Εὐμολπιδῶν auf einem Steine von Karystos, gleichfalls aus römischer Zeit, bei Bursian Quaest. Eub. S. 34. Weihgeschenke in Folge der Übernahme eines Amtes, namentlich eines mit dem Cultus zusammenhängenden, sind in Attica nicht ungewöhnlich, s. CIG. 252. 253. 255. Ephim. 1804. 2154. 3799—3801 (= Hirschfeld Tituli statuar. no 38) u. s. w. Auch bei politischen Ämtern kommen sie vor: Ephim. 2230; 2650; 2874. — Das Geschlecht der Bakchiaden war bis jetzt für Attica unbekannt.

Die beiden Maskentypen des kahlen Silens und des Silens mit mähnenartigem Haupthaar kehren mehrfach in ähnlich decorativer Verwendung wieder, so auf einigen Gefässen der Silberfunde von Bernay Prévost in den Mémoires des antiqu. de la Normandie vol. II; zwei bei Raoul Roch. Mon. inéd. Tf. 52. 53; Overbeck Gallerie heroischer Bildw. Tf. XIX 12; XX 12. und von Hildesheim.

Eine Schwierigkeit bietet die Vergleichung der sehr sorgfältig ausgearbeiteten Pflanzen mit der griechischen Flora. Während alles Übrige ohne Weiteres kenntlich ist, bleiben die mehrfach wiederkehrenden Fruchtkolben, deren Form zwischen dem Pinienzapfen und dem Maiskolben mitten inne steht, sammt den immer in ihrer Begleitung erscheinenden fein gestreiften Blättern oder Scheiden räthselhaft. Man denkt zunächst an Mais; indess dass dieser der alten Welt fremd und wahrscheinlich aus Amerika gebracht ist, hat Decandolle Géographie botanique raisonnée II 942 ff. überzeugend nachgewiesen und Hehn Kulturpflanzen und Hausthiere etc. S. 375. 451 stimmt ihm bei; vgl. auch Buckle Geschichte der Civilisation in England I 1 S. 95 Anm. 155 der Rugeschen Übersetzung. Herr von Heldreich, der gründliche Kenner der griechischen Flora, der die Güte hatte, den Stein sorfältig zu untersuchen, war der Meinung, dass entweder Blüthenkolben der Dattelpalme gemeint seien, welche eben solche Scheideblätter haben wie der Mais, oder der Mohrhirse (Sorgum vulgare, s. von Heldreich Die Nutzpflanzen Griechenlands S. 3). Die letztere Annahme ist freilich nicht ohne Bedenken, wenn man in dem römischen milium mit Recht das Sorgum erkennt (s. Hehn a. a. O. S. 376); denn von diesem sagt Plinius N. H. XVIII 55 'milium intra hos X annos ex India in Italiam invectum est'. Das Wahrscheinlichste ist, auch nach dem Urtheile meines verehrten Collegen, Prof. de Bary, dass der Künstler Pinienzapfen in verschiedenen Stadien ihrer Entwickelung mit den zugehörigen Nadelbüscheln dargestellt habe. Die Pinie ist gegenwärtig zwar nicht sehr gewöhnlich in Griechenland, aber doch in einigen Gegenden stark vertreten (s. von Heldreich a. a. O. S. 13 f.), und dass sie im Alterthum wenigstens zu der Zeit, welche hier in Frage kommt, der griechischen Flora nicht fremd war, zeigt Hehn a. a. O. S. 205 ff.

Die dargestellten Früchte sind nicht ohne Bezug auf Dionysos, dem das Ganze geweiht ist, gewählt; Epheu mit seinen Korymben und Wein herrschen vor, und auch in dieser Rücksicht bleibt die Annahme von Pinienlaub und Pinienzapfen die wahrscheinlichste.

TAFEL VII—XXIX.

No 48—119.

Wenn wir unter der Masse griechischer Marmorreliefs, deren Trümmer auf uns gekommen sind, die Grabsteine sammt den sogenannten Todtenmahlen und diejenigen ausser Betracht lassen, welche in unmittelbarer Verbindung mit Bauwerken nur zu deren Ausschmückung dienen, so scheidet sich der Rest in zwei hauptsächliche, vielfach einander berührende Classen, in die Votivreliefs, und in die, welche den in Stein gegrabenen öffentlichen Urkunden als Schmuck beigegeben sind.

Die eigentlichen Votivreliefs dienen nur dem Zweck, einer Gottheit geweiht zu werden, und entlehnen diesem Zwecke ihren Gegenstand, sei es, dass einfach die Gottheit und ihr gegenüber der Weihende mit dem Gestus der Anbetung dargestellt wird, sei es, dass die Veranlassung der Weihung den Gegenstand darleiht. Dabei herrscht nachweislich bis in die makedonische Epoche, wahrscheinlich länger die Sitte, dass die Sterblichen von Göttern und Heroen durch wesentlich kleinere Dimensionen unterschieden werden. Was wir aus Athen von derartigen Reliefs besitzen, stammt zum bei weitem grössten Theile von der Burg; sie waren dort meist im Freien aufgestellt, entweder unmittelbar in den Felsenboden oder in kleine Marmorpfeiler eingezapft, von denen zu no 66. 66 A gesprochen ist. Dieser Classe sind die Reliefs anzuschliessen, welche zum Schmucke einer für ein Weihgeschenk bestimmten Basis dienen. Auf diesen herrschen Darstellungen vor, welche eine unmittelbare Beziehung auf den Anlass der Weihung haben. Die Gegenstände und die Art ihrer künstlerischen Wiedergabe im Einzelnen hier zu verfolgen, sehe ich keine Veranlassung. Ein Überblick über die auf den Tafeln zusammengestellten, meist attischen Bruchstücke wird Jedem aufdrängen, was sich sagen liesse.

Schwierigere Fragen knüpfen sich an die Reliefs öffentlicher Urkunden, von denen auf den Tafeln unzweifelhafte Beispiele nur aus Attika vorliegen. Auch hier ist nicht zu übersehen, dass die meisten sicheren Exemplare von der Burg stammen. Die Schwierigkeit ihrer Deutung wird dadurch noch erhöht, dass sehr viele Reliefs jetzt von den Inschriften, zu denen sie gehört haben, getrennt sind. Da die Inschriftenplatte meist oben durch einen vorspringenden Rand gegen das Relieffeld abgeschlossen, dieses Feld aber in Folge der darin ausgearbeiteten Darstellung dünner als die übrige Platte war, so ist es begreiflich, wenn gerade zwischen Relief und Inschrift häufig ein Bruch eintrat.

Weil unter den auf der Burg aufgestellten Steinurkunden bei Weitem der grösste Theil die Form von Volksbeschlüssen hatte, so sind diese es auch, welche am häufigsten mit einem Relief verziert waren. Hier drängt sich vor Allem die Frage auf, wer diesen Schmuck hat machen lassen und wer ihn bezahlt hat danach am Ehesten wird Zweck und Bedeutung desselben zu ermessen sein.

Es ist bekannt, dass in den Volksbeschlüssen selbst Anordnungen über ihre Anfertigung in Stein und deren Bezahlung enthalten zu sein pflegen. Diese Anordnungen sind in Bezug auf den letzteren Punct zu verschiedenen Zeiten verschieden gewesen.

In voreuklideischen Inschriften kommen meines Wissens bestimmte Angaben der für Anfertigung der Dekrete zu zahlenden Summen nicht vor. Man beschränkt sich auf Angabe der Behörde, welche die Zahlung leisten soll. In dem vollständigsten Beispiele, einem Proxeniedecret vom J. 421 v. Chr. Ephim. 3555 sind das die Kolakreten: καὶ ἀναγραψάτω πρόξενον καὶ εὐεργέτην Ἀθηναίων καθάπερ Πολύστρατον τὸν Φλιάσιον ἐν στήλῃ λιθίνῃ ὁ γραμματεὺς τῆς βουλῆς καὶ καταθέτω ἐν πόλει· τὸ δὲ ἀργύριον δόντων οἱ κωλακρέται. Darnach hat Köhler die Reste eines andern voreuklideischen Beschlusses ergänzt. Hermes II S. 16. Vielleicht enthielt etwas Ähnliches das Fragment Eph. 2830, welches durch das vermuthlich angehörige Eph. 3432 nicht unmittelbar vervollständigt wird. Vgl. noch den Beschluss über Aufzeichnung eines drakontischen Gesetzes vom J. 409 v. Chr., Hermes II S. 28 f. Andere Bruchstücke solcher Ausgänge von Volksbeschlüssen Ephim. 1119; 1434 = Rang. 288. Ephim. 3488, 2810; über Rang. 274 s. S. 20 sind zu sehr verstümmelt, als dass sie ein Urtheil über die bezüglichen Anweisungen gestatteten. Nach einer Mittheilung von Prof. Köhler hat dieser Gebrauch das Archontat des Eukleides um einige Jahre überdauert, wie denn überhaupt der grössere Theil der nach Eukleides eintretenden Veränderungen nicht unmittelbar mit der Herstellung der Verfassung ins Werk gesetzt worden zu scheint.

In der Hauptmasse der nacheuklideischen Volksbeschlüsse dagegen pflegten, wenigstens im vierten Jahrhundert, am Ende bestimmte Summen für die Anfertigung und Aufstellung der Inschrift ausgeworfen zu werden, dieselben schwanken zwischen 10 und 60 Drachmen, in der Weise, dass nur runde Zahlen 10, 20, 30, 50, 60 vorkommen. Die einzige mir bekannt gewordene Ausnahme, Ephim. 918, wo ΔΔΔΙΔΡ... steht, beruht auf einem Lesefehler, s. Böckh Staatsh. II² 308 f.; Rang. 868, Kirchhoff Philol. XV S. 102 und die dort beigegebene Tafel.

Die am häufigsten vorkommende Summe sind 30 Drachmen. CIG. 87; 100 im Beschluss eines Demos; Rang. 388 = Ephim. 401. 515. R. 413 = Ephim. 1043 = 1019; R. 473 = Ephim. 290; R. 508 = Ephim. 1055. R. 513 = Ephim. 1955. ferner Ephim. 3309 = Arch. Anz 1858 S. 230* ff. In einigen anderen Inschriften lässt die jetzige Verfassung des Steines ungewiss, ob 30 oder 40 Drachmen angegeben waren Rang. 520 = Ephim. 950. Ephim. 3418, 3615.

Höhere Summen sind im Ganzen selten. Ein sicheres Beispiel für 40 Drachmen kenne ich nicht. τετταράκοντα bei Rang. 2280 ist willkürliche Ergänzung, s. Ephim. 1309. Meier Comm. epigr. II no 88 S. 98 ff. 50 Drachmen 𐅄 finden sich Rang. 505 = Ephim. 1073, und waren vermuthlich auch in der Urkunde über den Mauerbau Z. 33 genannt; s. C. O. Müller De munim. Ath. S. 13. In der Inschrift Ephim. 2308 lässt sich nicht entscheiden, ob 50 Dr. oder eine höhere Summe verzeichnet war, da der Stein hinter 𐅄 gebrochen ist. 60 Drachmen endlich werden für die Stele der Urkunde des zweiten attischen Seebundes angewiesen, Rang. 381 *bis* S. 373 Z. 63. Wenn demnach in dem Volksbeschluss des Stratokles zu Ehren des Lykurg hinter dem Leben der zehn Redner für die inschriftliche Anfertigung der sämmtlichen von Lykurg herrührenden Psephismen nach unseren heutigen Texten 50 Dr. ausgeworfen werden, so wird man billig an der Richtigkeit der Überlieferung zweifeln.

Auch niedrigere Beträge kommen vor. Noch Böckh Staatsh. II² 167 glaubte die ihm bekannten Beispiele von 20 Drachmen anzweifeln zu müssen. Jetzt kennen wir deren zu viele, als dass eine Unsicherheit bliebe Rang. 377 = Ephim. 371; R. 385 = Ephim. 151. R. 455 = Ephim. 95 nach sicherer Ergänzung R. 458 = Ephim. 102. R. 2298 = Eph. 1372, und die unten zu no 93 mitgetheilte Inschrift. Den letzten Zweifel beseitigt Rang. 517 = Ephim. 1602, wo εἴκοσι ausgeschrieben steht. Übrigens hat Böckh in den Epigr. chron. Studien S. 20 noch selbst seinen Zweifel zurückgenommen. Ungewiss, ob 20 oder 30 Drachmen genannt waren, bleiben wir in Bezug auf Rang. 183 = Ephim. 119 = 2681 = Böckh a. a. O. S. 15 ff., in der, je nachdem ΔΟΝΑΙ mit R. und Eph. 2681 oder ΔΟΥΝΑΙ mit v. Velsen bei Böckh und Eph. 419 auf dem Steine steht, ΔΔΔ oder ΔΔ zu ergänzen ist.

Ganz vereinzelt sind die Beispiele für 10 Drachmen. ich kenne nur die Inschriften Ephim. 3150 und 3617, welche beide auch sonst manches Auffällige haben.

Da mir nur ein lückenhaftes Material zu Gebote steht, kann ich nicht hoffen, dass diese Übersicht vollständig sei. Indess ist es sehr unwahrscheinlich, dass durch reichere Sammlungen die Schlüsse alterirt werden sollten, welche aus dem, was ich angeführt habe, zu ziehen sind. Nur in Bezug auf den Zeitpunct, bis zu dem diese Angabe bestimmter Summen üblich geblieben ist, vermag ich keine sichere Bestimmung aufzustellen. Jedenfalls scheint man etwa seit Beginn des dritten Jahrhunderts zu der voreuklideischen Sitte zurückgegriffen zu haben in den späteren Volksbeschlüssen findet sich wiederum die Anweisung, dass eine Behörde, gewöhnlich ὁ, bez. οἱ ἐπὶ τῇ διοικήσει oder ὁ ταμίας τῶν στρατιωτικῶν den Aufwand für die Inschrift τὸ γενόμενον ἀνάλωμα decken solle, und das ist bis in römische Zeit üblich geblieben. Auf einen gesetzlich bestimmten oder wenigstens geregelten Betrag weist Ephim. 2459 hin, wo kaum anders ergänzt werden kann als so, wie Pittakis vorschlägt ἀναγράψαι δὲ τόδε τὸ ψήφισμα τὸν γραμματέα τὸν κατὰ πρυτανείαν ἐν στήλῃ λιθίνῃ καὶ στῆσαι πρὸς τῷ νεῷ τῷ ... εἰς δὲ τὴν ἀναγραφὴν τῆς στήλης μερίσαι τὸν oder τοὺς ἐπὶ τῇ διοικήσει τὸ ἀναλισκόμενον.

In dieser Zeit ebenso wie vor Euklid wird der Aufwand für die Herstellung der Inschrift einfach ermittelt worden sein wie jeder Preis für eine von Staats wegen bestellte Arbeit Anders im vierten Jahrhundert, wo bestimmte Summen in dem Beschluss selbst angewiesen werden hier wird der Preis vor der Herstellung festgesetzt. Ja man hat, da die Beschlüsse oft erst in der Volksversammlung formulirt wurden oder Abänderungen, besonders Erweiterungen, erfahren, gewiss nicht einmal einen Steinmetzen zur Hand gehabt, um mit ihm den Preis zu vereinbaren wie denn die runden, von zehn zu zehn Drachmen springenden Summen überhaupt ganz unerklärlich blieben, wenn die Preise für jeden einzelnen Fall besonders gefunden worden wären Die ganze Einrichtung lässt sich kaum anders als unter der Voraussetzung verstehen, dass für die inschriftliche Ausfertigung der Volksbeschlüsse eine Preisscala bestand, dass vielleicht sogar die Arbeit auf das Geschäftsjahr oder auf längere Zeiträume an einen oder einige Unternehmer in Accord gegeben war: jedenfalls mussten je nach der Länge der Beschlüsse bestimmte Preise festgesetzt sein. Als Massstab lag die Buchstabenzahl am Nächsten, so dass man also beispielsweise bis 1000 Buchstaben 20 Drachmen, bis 1500 B. 30 Drachmen u. s. f. bezahlt hätte. Eine solche Einrichtung machte es möglich, in jeden in der Volksversammlung gefassten Beschluss sogleich die Bestimmung des Preises für die Eingrabung in Stein aufzunehmen. Auch würde sie die für die Volksbeschlüsse mit wenigen Ausnahmen festgehaltene reihenweise Anordnung der Buchstaben erklären, welche die Rechnung oder vielmehr ihre Controle sehr vereinfachen und erleichtern musste. Übrigens geht aus den mir bekannten Inschriften nicht mit Sicherheit hervor, ob in den Preis auch das Material der Stele inbegriffen war. Da wir ohne alle Nachricht über die Ausbeutung der attischen Marmorbrüche sind, ist die Möglichkeit, dass der Staat den Stein geliefert hätte, wenigstens zu erwägen. Indess erscheinen die Preise für die blosse Arbeit im Verhältniss zu dem, was wir aus Baurechnungen kennen, zu hoch.

Von einem bildnerischen Schmuck der Inschriften ist in den Volksbeschlüssen nie die Rede: das Geld wird einfach εἰς τὴν ἀναγραφὴν angewiesen, auch da, wo ein solcher Schmuck vorhanden war, so in dem Decret, was zu no 93 gehört, und in dem Beschluss zu Ehren des Arybbas: Ephim. 401 + 415; Curtius Inscr. att. duodecim no 4 + 5; Sauppe Inscr. Maced. quatuor no 3; Rang. 388 mit der zugehörigen Tafel; Le Bas Mon. Fig. Tf. 40. Auch in dem Beschluss für Lachares von Apollonia CIG. 90, von dem eine bessere Abschrift bei Stephani tit. gr. V S. 7 steht, lässt der Schluss trotz seiner Verstümmelung erkennen, dass nur von der Inschrift, schwerlich von dem Relief die Rede war, das über derselben angebracht ist. Anzunehmen, dass die Steinmetzen die Reliefs gewissermassen zugegeben hätten, ist unmöglich; dass sie verrechnet seien, ohne dass sie erwähnt würden, lässt sich ebensowenig glauben und wird schon dadurch unwahrscheinlich, dass dieselbe Summe von 20 Dr. für zwei Inschriften von beinahe gleicher Länge gezahlt wird, von denen die eine, Rang. 2298 = Ephim. 1372 ohne plastischen Schmuck, die andere mit dem unter no 93 abgebildeten Relief versehen ist. Allerdings liegen zwischen der Herstellung beider Steine mehr als funfzig Jahre: indess dass in dieser Zeit eine entsprechende Steigerung der Preise Statt gefunden haben sollte, ist mehr als unwahrscheinlich. So bleibt bei genauer Erwägung der uns bekannten Verhältnisse nur die Annahme übrig, dass die Reliefs der Urkunden ein Schmuck seien, den Privatleute hinzufügen liessen. Das findet eine wichtige Bestätigung darin, dass von der geringen Anzahl der Reliefs, deren zugehörige Volksbeschlüsse erhalten sind, die meisten sicher sich auf Ertheilung einer Ehre, sei es des Bürgerrechts, sei es der Proxenie oder nur einer Bekränzung und Belobigung beziehen: so das oben erwähnte Decret für Arybbas und das für Lachares (CIG. 90), über dessen Relief Stephani tit. Gr. V S. 8 bessere Auskunft giebt als die Dodwellsche Abbildung; so ferner die schon von Stephani a. a. O. S. 9 als Proxeniedecret erkannte Inschrift CIG. 473 mit dem Relief bei Paciaudi Mon. Pelop. II 155 = Mus. Naniano no 19 (danach Millin Gall. myth. XXXVI 140; Michaelis Parthenon Tf. 15, 9 S. 280); so ferner unten no 49. 52. 62. 93, und sehr wahrscheinlich auch no 58. 63. 75. 76. 79. 96. Es sind dies also durchgängig Beschlüsse, an denen Privatleute ein besonderes Interesse hatten. Wie nach der von C. Curtius Hermes IV 404 ff. herausgegebenen Inschrift die Nachkommen eines Proxenos die unter den Dreissig zerstörte Stele mit dem bezüglichen Decret auf ihre Kosten herstellen liessen, so mochte dem Geehrten selbst es nahe liegen, dem zu seinen Gunsten gefassten Beschluss einen besonderen Schmuck hinzufügen zu lassen, um ihn unter der Masse gleichartiger augenfällig zu machen und zugleich der Stadtgöttin dabei seine Verehrung zu beweisen. Denn fast immer ist es Athene, welche in diesen Reliefs hervorragt; ja sie tragen mehrfach geradezu den Typus von Votivreliefs, indem der Geehrte vor der Göttin in anbetender Stellung erscheint: s. unten no 93. 96 und das Relief bei Paciaudi. Es ist deshalb wohl auch nicht zu kühn anzunehmen, dass es sich ähnlich mit der Herstellung aller solcher zu Urkunden gehöriger Reliefs verhalte, auf denen Sterbliche in anbetender Stellung erscheinen, so no 59. 61. 91. 95. Endlich darf man sich den Hergang ebenso vorstellen auch bei den Beschlüssen, die auf Verträge mit auswärtigen Staaten Bezug haben, so no 48. 50. 51. 53: hier mochte das kleine, fremde Gemeinwesen durch eine Ausschmückung des auf der Burg aufzustellenden Vertragsinstrumentes der Göttin seine Verehrung und Dankbarkeit beweisen; oder es mochten seine Gesandten, welche bei solchen Gelegenheiten vom athenischen Volke durch Ehren ausgezeichnet zu werden pflegten, für die Ausschmückung des auch sie berührenden Beschlusses Sorge tragen: sind sie doch z. B. auf dem zu no 48 gehörigen Stein in der Überschrift neben der Gemeinde, die sie vertreten, mit aufgeführt. Dass zuweilen die Ausfertigung und Aufstellung solcher Urkunden sogar auf Kosten des betreffenden Staates erfolgte, zeigt ein auf die Phaseliten bezüglicher Beschluss, den Prof. Köhler demnächst im Hermes veröffentlichen wird; darnach ist in gleichem Sinne auch das Bruchstück eines Beschlusses für die Aphytäer (Rang. no 274) zu ergänzen.

Verhältnissmässig selten ist der Reliefschmuck bei Urkunden, die nicht Volksbeschlüsse sind. In der vorliegenden Sammlung gehören hieher no 54 und 71, welche von Übergabeurkunden der Schatzmeister herrühren; sonst das Relief über der Berechnung der 409 v. Chr. von den Schatzmeistern auf Volksbeschluss geleisteten Zuschlagszahlungen (CIG. 147; Böckh Staatsh. II² 2 ff.; Fröhner Les inscr. grecques du Louvre S. 90 no 46; das Relief auch bei Bouillon III Tf. 15 und Clarac 152, 265). Über die ersten beiden ist unten gesprochen und gezeigt, dass beide Urkunden wahrscheinlich am Anfang einer neuen Reihe standen und dadurch der Reliefschmuck veranlasst sein mag. Die Erklärung des Pariser Reliefs ist, besonders ohne Kenntniss des Originals, schwerlich sicher zu stellen; dass Hirt und Fröhner in die Irre gehen, scheint mir gewiss. In der Inschrift kommen nur zwei Potenzen vor, welche dargestellt sein können, Athene, aus deren Schatze gezahlt wird, und der Demos, auf dessen Beschluss die Zahlungen erfolgen. Indess damit ist weder der Baum noch der Gestus der männlichen Figur erklärt, der auf den Abbildungen ganz undeutlich ist.

Es würde besser um unsere Kenntniss dieser Urkundenreliefs stehen, wenn die Ausgrabungen auf der Burg mit mehr Sorgfalt angestellt und mit Genauigkeit beobachtet und protocollirt worden wären. Indess so Vieles auch in Bezug auf diese Denkmäler ungewiss bleibt, so ergiebt sich aus dem vorliegenden Material wenigstens das, dass die Reliefs wesentlich mit Rücksicht auf den Aufstellungsort der Urkunden, auf die der Athene heiligen Burg, angebracht und concipirt sind und dass sie theils geradezu als Votivreliefs erscheinen, theils wenigstens dem Sinn und der Auffassung von Votivreliefs sich nähern; endlich dass sie höchst wahrscheinlich Privatleuten oder Beamtencollegien ihren Ursprung verdanken, und dass bis jetzt keines vorhanden ist, von dem sich auch nur wahrscheinlich machen liesse, dass es auf Staatskosten angebracht sei.

Die überwiegende Mehrzahl dieser Reliefs scheint dem vierten Jahrhundert anzugehören. Aus dem fünften Jahrhundert stammen nach Ausweis der Inschriften no 50. 51. 52. 59. 96; nach sicheren stilistischen Kennzeichen no 83. 84. 97. Für jünger dagegen als das vierte Jahrhundert kann man nur sehr wenige halten no 70. 117. 118. 119. no 56. 115 sind anderer Art. In römischer Zeit taucht dann etwas Verwandtes in dem Reliefschmuck der zahlreichen Ephebensteine wieder auf.

Die attischen Votiv- und Urkunden-Reliefs gehen somit in ihrer Entwickelung den Grabreliefs fast ganz parallel am Anfang stehen vereinzelte alterthümliche Exemplare, auch die zweite Hälfte des fünften Jahrhunderts bleibt spärlich vertreten, an Grabreliefs fehlt es sogar ganz. Sogleich nach Euklid zeigt sich eine grössere, schnell wachsende Zahl. So kann das vierte Jahrhundert als die eigentliche Blüthenperiode des attischen Reliefs angesehen werden; nicht als ob in künstlerischer Beziehung dasjenige, was die perikleische Zeit erreicht hatte, überboten worden wäre; aber augenscheinlich war dieser Kunstgattung die Gunst des Publicums gewonnen, und bei der Stärke der Nachfrage hatte sich Übung und Geschmack unter den Steinmetzen so verbreitet, dass man unter der grossen Masse Reliefs dieser Zeit, denen man in Athen begegnet, kaum etwas Unerfreuliches und vieles geradezu Vortreffliche findet. Der strenge Basreliefstil, der in den Grabstelen vielfach zu Gunsten einer dem Rundwerk sich nähernden Ausarbeitung aufgegeben worden ist, herrscht in den auf bescheidene Dimensionen beschränkten Urkunden- und Votivreliefs durchaus: überall bleibt es fühlbar, dass für den Bildhauer die Steinplatte das Gegebene war, dass er auf sie seine Figuren entwarf, ihre Conturen mit Meisselstrichen umriss und den Reliefgrund je nach Bedürfniss antiefte (vgl. Michaelis Parthenon S. 203), während für den modernen Bildhauer, der beim Modelliren eines Reliefs seine Thonfiguren auf eine Schieferplatte oder ein Bret aufzulegen pflegt, gerade der Reliefgrund das unveränderlich Gegebene ist. Es war nur natürlich, wenn die Bildhauer oder Steinmetzen bei dieser Art der Herstellung es vermieden, Figuren sich überschneiden oder eine vor die andere treten zu lassen, wenn sie der Profilansicht besonders für die Köpfe vor der Stellung en face, wo irgend möglich, den Vorzug gaben. Diese Schranken waren, wie der Parthenonfries zeigt, nicht unübersteiglich, aber es war zumal bei kleinen und anspruchslosen Arbeiten bequem sie inne zu halten, und darum hielt man sie inne. Was wir, auch in der Malerei, Reliefstiel nennen, ist eben die Art der Darstellung, die sich wesentlich innerhalb dieser Schranken bewegt. Die geschilderte Technik und die aus ihr fliessende Compositionsweise bringen es nothwendig mit sich, dass bei den Figuren das Hauptgewicht auf die Silhouette fällt, gegen welche die Innenzeichnung wie eine bescheidene Ergänzung zurücktritt; sie sind von einer feinen zum Reliefgrunde fast rechtwinklich stehenden Fläche umschrieben, welche den Hauptcontur unter allen Beleuchtungen scharf hervortreten lässt (vgl. Michaelis a. a. O. S. 204). Ich bedaure, dass der Lithograph diese Eigenthümlichkeit in den griechischen Reliefs nicht gehörig wiederzugeben gewusst hat und dass auch der Versuch, durch Correctur nachzuhelfen, meist nicht geglückt ist. Ursprünglich trat zu dieser Reliefbehandlung noch die Bemalung als eine starke Unterstützung der Deutlichkeit hinzu. Sie ist zum Glück wenigstens in einem Beispiel, no 67, so deutlich erhalten, dass ein Zweifel unmöglich ist, und dass die vielfachen Spuren, welche in anderen Reliefs auf einstige Bemalung deuten (s. zu no 60. 61. 73. 78. 79. 81. 83. 84. 86. 105. 106) dadurch Beweiskraft gewinnen. Auch Zusätze aus Metall sind mehrfach vorgekommen, s. no 57. 62. 66. 90 ff.

Sehr bemerkenswerth ist bei einer Gattung von Denkmälern, die grossentheils aus den Kreisen des Handwerkes hervorgegangen ist, der in den Compositionen durchgängig herrschende gebildete Geschmack. Man wird nicht leicht störenden Überschneidungen, Conturen, die im rechten oder in allzu spitzen Winkeln aufeinandertreffen oder nach Art von Tangenten sich berühren, begegnen. Verstösse der Art, wie die hässliche Durchschneidung der Pferde und sogar eines menschlichen Kopfes auf no 79 gehören zu den seltensten Ausnahmen. Auch ist die Deutlichkeit, die Leserlichkeit — wenn man so sagen darf — der Darstellungen überall gewahrt und hat nur durch Beschädigung oft gelitten. Und dies alles ist jedenfalls nicht durch sorgfältige Durcharbeitung der Entwürfe erreicht, da die Werke fast durchgängig leicht, ja flüchtig ausgeführt sind sondern die künstlerische Arbeit und Erfahrung der Vergangenheit war augenscheinlich der Generation so in Fleisch und Blut übergegangen, dass wie von selbst sich die Gestalten in die erarbeiteten Gesetze einfügten.

Wie sich die bescheidene Kleinkunst der hier gesammelten attischen Reliefs zu den eigentlichen Höhen der Kunst verhält, das spricht sich vielleicht am deutlichsten und unmittelbarsten in der Gestalt der Stadtgöttin aus, welche den Mittelpunct der dargestellten Gegenstände bildet. Es ist sehr bezeichnend, dass die alterthümlichste Reliefdarstellung der Athene (no 84) sie in derselben kämpfenden Stellung zeigt, in der sie auf den gleichfalls den Typus alter Zeit bewahrenden panathenäischen Preisamphoren erscheint. Später ist die Vorstellung, die die Künstler von der Göttin sich machten, durchaus durch die friedliche Parthenos des Phidias bestimmt. Unter all' den vielen Athenegestalten dieses Denkmälerkreises ist nicht eine, bei der eine Nachbildung, eine Darstellung des Goldelfenbeinbildes beabsichtigt wäre (vgl. zu no 84) überall ist die Göttin selbst als handelnd, als gegenwärtig und theilnehmend gedacht. Trotzdem sind diese zahlreichen Athenefigürchen nichts als eine mannigfaltige Variirung der grossartig einfachen Schöpfung des Phidias, welche die Phantasie der nächsten Folgezeit gebannt hielt. In Bezug auf sie können wir in den attischen Reliefs mit Augen verfolgen was Dio Chrysostomus von dem olympischen Zeus sagt: πρότερον μὲν γὰρ ἅτε οὐδὲν σαφὲς εἰδότες ἄλλος ἄλλην ἀνεπλάττομεν ἰδέαν πᾶν τὸ θνητόν, κατὰ τὴν αὑτοῦ δύναμιν καὶ φύσιν ἕκαστος ἰνδαλλόμενοι καὶ ὀνειρώττοντες· εἰ δέ τι που μικρὸν καὶ ἄμορφον τῶν ἔμπροσθεν εἰκασμένον τεχνιτῶν, οὐ πάνυ τούτοις οὔτε πιστεύοντες οὔτε προσβλέποντες τὸν νοῦν. σὺ δέ γε ἰσχύϊ τέχνης ἐνικήσας καὶ συνδήσας τὴν Ἑλλάδα πρῶτον, ἔπειτα τοὺς ἄλλους τῷδε τῷ φάσματι, θαυμάσιον καὶ λαμπρὸν ἀποδείξας, ὡς μηδένα τῶν ἰδόντων δόξαν ἑτέραν ἔτι λαβεῖν ῥᾳδίως. Zugleich spiegelt sich in diesen Darstellungen auf liebenswürdige Weise das nahe, fast mütterliche Verhältniss, in welches der Volksglaube die Göttin zu ihrer Stadt und ihren Athenern setzte, und die Leibhaftigkeit, mit der ihre Gestalt nicht nur in der Phantasie der Künstler, sondern auch im Gemüthe der Menge lebte

48. Relief aus hymettischem Marmor in der Sammlung der archäologischen Gesellschaft zu Athen. Unterhalb schloss sich ein Volksbeschluss an; was von demselben erhalten ist, wird Prof. Köhler im Hermes VII Heft 1 herausgeben und erläutern; er hat mir freundlich gestattet seinen Aufsatz im Manuscript einzusehen, dem ich das Folgende entlehne. Auch gebührt ihm das Verdienst, die der kleineren Figur beigefügte Inschrift aufgefunden zu haben.

'Επὶ] 'Ελπίνου ἄρχοντος — Ol. 106, 1: 356 v. Chr.

Παρθένος

1 Νεοπολιτῶν
2 Δημοσθένους τοῦ Θεοξένου
3 Διοσκουρίδου τοῦ 'Αμμωνίου
4 'Επὶ] τῆς ['Αντι]ο χίδος ἐνάτης πρυτανείας ᾗ Λυσίστρατος Λυ-
5 σανου]σεὺ[ς] ἐγρα(μ)μάτευεν τῶν προέδρων ἐπεψήφιζεν
6 ....ιτων.....
7 "Εδοξεν [τῇ] βουλῇ καὶ τῷ δήμῳ Πολύευκτος εἶπεν περὶ ὧν
6 οἱ πρέσβεις] τῶν Νεοπολιτῶν λέγουσι Δημοσθένης καὶ Διοσκ-
9 ουρίδης, ἐψηφίσθαι τῇ βουλῇ τοὺς μὲν προέδρους οἳ ἂν τυγχ-
10 άνωσι προεδρεύοντες [εἰς τὴν πρώτην ἐκκλησίαν προσαγα-
11 γεῖν αὐτοὺς] πρὸς [τὸν δῆμο]ν καὶ χρηματίσαι περὶ ὧν ἀπαγγέ-
12 λλουσι, γνώμην δὲ [ξυ]μβάλλ[ε]σθα[ι] τῆς βουλῆ[ς] εἰς τὸν δῆμον ὅτ-
13 ι δοκεῖ τῇ βουλῇ ἐπειδὴ ὁ δῆμο[ς] ἐψη....
14 .... συμμαχ...
15 ... ἀπαγωγὴν ἐάν τις ἀφικ...
16 ... 'Αθηναί[ων ἁπάντ]ων...

Der Beschluss bezieht sich auf Verhandlungen zwischen Athen und Neopolis, die von zwei Gesandten, Demosthenes und Dioskurides, geführt werden; vermuthlich galt es den Abschluss eines Bündnisses. Ebendarauf führt das Relief: Athene reicht der vor ihr stehenden Parthenos zum Bunde die Hand. Letztere erscheint in einer an ein altes Idol erinnernden Gestalt, mit dem Modius auf dem Haupt und die Linke nach der Brust erhoben. Ob diese eine Blume oder etwas Ähnliches gehalten habe, lässt, wie auch Köhler bemerkt, der Zustand des Originals nicht erkennen. Die als Parthenos bezeichnete Göttin ist vermuthlich eine Artemis. Sie hatte einen Cultus in Chersonesus Strabo VII 308 πόλις 'Ηρακλεωτῶν, ἄποικος τῶν ἐν τῷ Πόντῳ, αὐτὸ τοῦτο καλουμένη Χερρόνησος .... ἐν ᾗ τὸ τῆς Παρθένου ἱερόν, δαίμονός τινος ἧς ἐπώνυμος καὶ ἡ ἄκρα ἡ πρὸ τῆς πόλεώς ἐστιν ἐν σταδίοις ἑκατόν, καλουμένη Παρθένιον, ἔχον νεὼν τῆς δαίμονος καὶ ξόανον; danach Steph. Byz. Παρθένιον ἱερόν. Ein Cultus der Parthenos ist ferner bezeugt in Leros: Klytos bei Athen. XIV 655C περὶ δὲ τὸ ἱερὸν τῆς Παρθένου ἐν Λέρῳ εἰσὶν οἱ καλούμενοι ὄρνιθες μελεαγρίδες. Ebenso auf Patmos in einer Inschrift Ephim. arch. 1862 no 229 τὸ ψήφισμα τόδε ἀναγράψαι εἰς στήλην λιθίνην καὶ ἀναθεῖναι εἰς τὸ ἱερὸν τῆς Παρθένου. Für Patmos ist ein Dienst der Artemis bezeugt durch die Inschriften bei Ross Inscr. ined. II no 190 und Ephim. a. a. O. no 230; auch hat sich eine Erinnerung daran in der Legende des h. Christodulos erhalten, Ross Inselreise II S. 137 Anm. 12. Über den Modius bei alterthümlichen Artemisbildungen s. Müller Handb. § 363, 2. Mit ihm erscheint auch das Idol auf dem pompejanischen Iphigenienopfer (Helbig no 1304).

Die Frage, auf welches Neopolis sich die Urkunde beziehe, ist nach den erhaltenen Resten nicht mit Sicherheit zu beantworten. Köhler zeigt, dass man sowohl an das in Pellene als an das thrakische, Thasos gegenüber liegende denken könne. Dieses letztere ist unter den in der Urkunde des zweiten attischen Seebundes genannten Νεοπολῖται zu verstehen, wie Schäfer De sociis Atheniensium S. 15 wahrscheinlich gemacht hat. Dass auch auf der vorliegenden Urkunde dieses gemeint sei, lässt eine bisher unbekannte Bronzemünze der Stadt vermuthen, die aus einer in Salonichi gebildeten Privatsammlung in das Berliner Cabinet übergegangen ist. Durch die Güte des Herrn Dir. Friedländer bin ich in Stand gesetzt, eine Abbildung folgen zu lassen.

Während die meisten Münzen der Stadt einen weiblichen, gewöhnlich auf Venus gedeuteten Kopf zeigen, erscheint hier die von vorn gesehene Gestalt einer Göttin mit dem Modius auf dem Haupt, welche auf der Rechten eine Schale, in der Linken eine Blüthe oder etwas Ähnliches trägt und mit der Vertreterin von Neopolis auf dem Relief hinreichend übereinstimmt, um für dieselbe Göttin Parthenos gehalten werden zu können.

49. Auf der Akropolis, am Wächterhäuschen. Gefunden im Dionysostheater am 30. Juni 1862 (s. St.), nach Kumanudis Philistor IV 512 no 2. Abguss im Berliner N. Museum no 296. Die unter dem Relief stehende Inschrift hat Kumanudis a. a. O., vollständiger Köhler im Hermes III 156 ff. herausgegeben.

'Επ' Εὐβουλίδου ἄρχοντος ἐπὶ τῆς [Πανδιο]νίδος ἕκτης πρυτανεύσης ᾗ Πλάτων Νικοχάρους Φλυεὺ[ς] ἐγ[ρ]αμμάτευε.
"Εδοξεν τῇ βουλῇ, Κινησίας εἶπε· περὶ ὧν 'Ανδροσθένης λέγει ἐπαινέσαι Διο[ν]ύσιον τὸν Σικ[ελ]ίας ἄρχο[ντα] καὶ [Λεπτίνην τὸν ἀδελφὸν τὸν Διονυσ[ίου καὶ] Θεαρίδην τὸν ἀδελφὸν] τὸν Διονυσ[ίου] καὶ Φιλόξενον τὸν.....

Dieser Rathsbeschluss aus dem Anfang des J. 393 v. Chr. betrifft den älteren Dionysios und seine Brüder Leptines und Thearides; in dem weiter genannten Philoxenos erkennt Köhler den Dithyrambendichter von Kythera, der am Hofe des Dionysios vielleicht schon um diese Zeit lebte. Da der Name des Antragstellers nahe legt an den Dithyrambendichter Kinesias zu denken und der Beschluss in die Zeit der Lenäen fällt, so ist Köhler's Vermuthung sehr wahrscheinlich, dass die ertheilten Ehren mit den poetischen Liebhabereien des Dionysios zusammenhingen.

Die links stehende Figur ist unverkennbar Athene; dass die rechts stehende Sikelia zu benennen sei, hat bereits Köhler a. a. O. S. 158 ausgesprochen: wahrscheinlich richtig. Denn schwerlich konnte Sicilien ähnlich wie eine Stadt durch eine Göttin vertreten werden. Der Stab, auf den die Figur die Linke stützt, wird nach oben dicker in der Art einer Fackel, für die ihn Bötticher in seinem Catalog vielleicht mit Recht erklärt.

50. Relief einer Platte, auf der vier die Methonäer betreffende Decrete verzeichnet waren; Reste von dreien dieser Decrete sind erhalten. Sie sind herausgegeben von Pittakis Ephimeris no 45; Schöll Arch. Mitth. S. 53 no 31; Rangabé no 250 mit Abbildung des Reliefs auf Tfl. VII; Sauppe Inscr. Macedonicae quatuor (Weimar 1847) S. 6; Le Bas Mon. fig. Tfl. 34 mit Abbildung des Reliefs; Böckh Staatsh. II² 748 ff; Kirchhoff über die Chronologie der attischen Volksbeschlüsse für Methone, Abh. der Berl. Akad. 1861 S. 555 ff. Der beste Text ist der bei Kirchhoff auf der Tafel bei S. 595 gegebene, dem eine von Velsensche Abschrift zum Grunde liegt.

Das erste dieser Decrete setzte Kirchhoff Ol. 87, 1, zeigte aber selbst S. 605 f. und in den Bemerkungen zu den Urkunden der Schatzmeister der anderen Götter (Abh. der Berl. Akad. 1864) S. 7 ff., dass die Annahme sich nicht halten lasse. Nach Köhler Urkunden und Untersuchungen zur Geschichte des Delisch-attischen Bundes (Abh. der Berl. Akad. 1869) S. 138 rührt es aus Ol. 88, 1 = 428 v. Chr. her. Dass das 2. und 3. Decret Ol. 88, 3 fällt, hat Kirchhoff S. 572 ff. nachgewiesen: die Ausfertigung des Complexes von Decreten, also auch die Herstellung der Inschriftentafel mit ihrem Relief verlegt er mit Wahrscheinlichkeit in die Zeit nach Ol. 89, 1 = 424 v. Chr.

Die oft gedruckte Inschrift hier zu wiederholen scheint unnöthig. Den Inhalt der beiden erhaltenen Decrete bilden gewisse vom attischen Volke den Methonäern bewilligte Vergünstigungen (Nachlass von Tribut, Erlaubniss zur Getreideeinfuhr aus dem Pontus, Verwendung bei Perdikkas zu ihren Gunsten u. s. w. Wie viel Ursache Athen hatte, die an der macedonischen Küste, südlich von der Mündung des Haliakmon gelegene Colonie von Eretria bei guter bundesgenössischer Gesinnung zu erhalten, ist von Kirchhoff im Eingang seiner Abhandlung auseinandergesetzt.

Auf dem Relief ist rechts Athena unverkennbar: auf der Brust sind Andeutungen der Ägis erhalten. Vor ihr steht eine mit kurzem Chitoniskos bekleidete Figur: die Formen der Beine lassen keinen Zweifel, dass sie männlich sei. Ihre Bewegung ist, nachdem der obere Theil schwer beschädigt worden, nicht mehr sicher zu erkennen. Wahrscheinlich reichte sie einfach der Göttin die Rechte, wie schon Stephani C. R. 1861 S. 91 annahm. Hinter ihr steht, zu ihr aufschauend, ein Hund. was man über diesem sieht, ist eine Andeutung von Felsen, nicht ein Schiffsvordertheil, wofür sich Schöll Arch. Mittheil. S. 51. 76 und Stephani a. a. O. entschieden, auch nicht ein Schild, woran der erstere gleichfalls gedacht hatte.

Keine Frage, dass die männliche Figur Methone vertreten, dass ihre Verbindung mit Athena die Verbindung beider Staaten versinnlichen soll. An einen Gott wird man schwerlich, eher an einen Heros als Repräsentanten von Methone zu denken haben. Was von seiner Tracht erhalten ist, weist darauf hin, dass er bewaffnet im Panzer vorgestellt war, etwa wie der bekränzte Krieger auf no 70. Die Bedeutung des Hundes bleibt dunkel. Sollten die Methonäer auf ihre Hunde ebenso Werth gelegt haben, wie ihre Mutterstadt (Plut. Quaest. gr. 11 Eretria Macarius IV 5; Aelian. Hist. an. VII 40; XVII 8), welche nach Poll. V 40 die nach ihr benannten Hunde angeblich wenigstens indirect dem Apollo verdankte? Freilich lässt sich, soviel ich sehe, nicht beweisen, dass die Ἐρετρικοί oder Ἐρετρικοὶ κύνες nach dem euböischen Eretria benannt sind: wahrscheinlich ist aber doch, dass die Erzählung des Pollux, wonach die von Apollo geschenkten Hunde von den Eurytiden aufgezogen worden, auf der durch Hekatäus bei Paus. IV 2, 3 bekannten Annahme beruht, dass Oichalia ἐν Σκίῳ μοίρῃ τῆς Ἐρετρικῆς und zwar auf Euböa gelegen habe. Für das thessalische Eretria liesse sich anführen, dass es nach Strabo X 447 ἱερὰ τοῦ Ἀπόλλωνος war, und dass auch in seine Nähe Oichalia verlegt wurde s. Müller Dorier I² 21.

51. Relief einer Platte, auf welcher ein die Samier betreffendes Decret eingegraben war, jetzt unter den Propyläen aufgestellt. Die Reste der Inschrift sind publicirt von Pittakis Ephim. no 121; Schöll Arch. Mitth. S. 55; Rangabé no 257 mit Abbildung des Reliefs Tf. VIII; Le Bas Mon. fig. Tf. 36, 1 mit Abbildung des Reliefs. Die Rangabé'sche Abschrift ist bis auf Kleinigkeiten correct. Gefunden nach Pittakis 1839 am 20. October a. St. nördlich vom Parthenon. Was von dem in voreuklidischen Buchstaben geschriebenen Decret erhalten ist, lautet

Θεοί. Ἐπιστάτης.
Ἔδοξεν τῇ βουλῇ καὶ τῷ δήμῳ· Ἀκαμαντὶς ἐπρυτάνευεν ....
. μὲν δήμῳ τῷ Σαμίων ἐπαινέσαι ὅτι πρὸς αὐτοὺς ...... Σ
αμίων τοὺς ἐπάγοντας Πελοποννησίους ἐπὶ Σάμον ... ...
των μὲν τὸν ἀγρὸν τὸν Κλεομήδους τὸν ἐς Κλεομέδο... ..... ἀ
ποδόντων Σάμιοι τὰ γεγονότα ἐξ αὐτοῦ ἀπαγ ... ὁ δ
ῆμος ὁ Σαμίων θάνατον ἢ φυγὴν ἢ δήμευσιν χρημάτων ... τῷ δήμῳ ?
. τῷ Ἀθηναίων φυγὴν αὐτῶν καὶ θάνατον καὶ δήμευσιν χρημάτων ...
. Σάμιοι ἐπεσκεψάντων Ἀθηναῖς ... πυρ....
..... ἐμ πόλει τριάκοντα ἡμερῶν....

Da in der ersten Zeile noch Schreiber, Epistat und Antragsteller genannt gewesen sein wird, so erhellt, dass die grössere Hälfte der Platte fehlt. Z. 5 könnte statt des Acc. sing. auch der Gen. plur. gemeint sein; indess wahrscheinlich bezieht sich Z. 6 αὐτοῦ auf das Z. 5 genannte Land. Am Anfang von Z. 7 ist undeutlich, ob ΕΜΟΣ δῆμος oder ΕΛΟΣ στρατηγὸς zu lesen sei. Dass Z. 10 Bruchstücke einer Formel sind, die sich auf Aufstellung des Decretes auf der Burg innerhalb dreissig Tagen bezog, hat Rangabé gesehen.

Das Decret enthält eine Belobigung der Samier, augenscheinlich wegen einer zu Gunsten Athens erfolgten Action gegen die peloponnesisch gesinnte Partei. Mit grosser Wahrscheinlichkeit haben es Schöll und Rangabé auf die Vorgänge 412 v. Chr. bezogen, von denen Thuk. VIII 21 berichtet, vgl. Curtius Griech. Gesch. II² 621. Z. 5 scheint von Confiscation des Landbesitzes eines gewissen Kleomedes die Rede zu sein, der, da er namentlich herausgehoben wird, durch Reichthum oder politische Bedeutung oder beides hervorgetreten sein muss. Es ist schwerlich zufälliges Zusammentreffen, dass unter denen ὅσοι συγκατεργάσαντο τῷ Λυσάνδρῳ τὰ ἐν Αἰγὸς ποταμοῖς bei Paus. X 9, 10 ein Κλεομήδης Σάμιος genannt wird: seine Statue befand sich unter den von den Lakedämoniern zum Dank für den Sieg nach Delphi geweihten. Rangabé behauptet, dass das von ihm als no 258 abgedruckte Fragment zu derselben Platte gehöre, was ich selber zu untersuchen versäumt habe, aber Prof. Köhler (der Schrift und dem ganzen Äusseren nach) bestätigt findet. Indess ist weder für die Ergänzung der grösseren Inschrift, noch für die Deutung des Reliefs etwas daraus zu lernen.

Den Gegenstand des Reliefs aus dem erhaltenen Bruchstück zu errathen, sind wir nicht im Stande. Kenntlich ist links die sitzende Athena, welche wir, da die gesenkte Rechte erhalten ist, als unthätige Zuschauerin zu denken haben werden. Da die rechts von ihr stehende weibliche Figur nicht zu ihr sondern nach rechts gewandt ist, werden wir annehmen dürfen, dass sie im Namen Athens agirend zu denken sei (vielleicht war es die Bule vgl. no 91 oder eine ähnliche Figur, welche den Handschlag der Samier entgegennahm oder sie bekränzte.

52. Relief einer Platte, auf der ein Proxeniedecret stand. Die Reste der Inschrift sind herausgegeben von Ross im Kunst-

blatt 1835 no 27 — Arch. Anz. I 85: Böckh Arch. Intelligenzbl. 1835 S. 32: Pittakis Ephim. arch. no 426 mit Abbildung: Rangabé no 260 mit Abbildung auf Tf. VII: Schöll Arch. M. S. 53 no 30; Le Bas Mon. fig. Tf. 36, 2 mit Abbildung: vgl. auch Keil Anal. epigr. et onomat. p. 120. Gefunden nach Ross 1835 am 11. Jan. n. St. an der NWEcke des Parthenon: nach Pittakis östlich vom Parthenon, 1839, vier Jahre nach seiner ersten Publication. Correct ist nur der Abdruck bei Rangabé und Schöll:

> Σωτίμου Ἡρακλεώτου καὶ ἐκγόνων προξένου καὶ εὐεργέτου Ἀθηναίων. Ἔδοξε τῇ βουλῇ καὶ τῷ δήμῳ, ἡ δεῖνα φυλή (wahrscheinlich Αἰγηίς oder Οἰνηίς) ἐπρυτάνευεν....

Der Stein trug also ein Decret, welches einem gewissen Sotimos von Herakleia und seinen Nachkommen die attische Proxenie ertheilte. Die Schrift zeigt den Charakter der letzten Jahre vor Eukleides: auffällig ist die seltene Form des ∠ für Ⅼ im zweiten Worte, während in βουλῇ (wie Prof. Köhler nach nochmaliger Prüfung des Steines bestätigt) das Lambda die gewöhnliche Form gehabt zu haben scheint. Form und Grösse der Buchstaben macht es (wie Prof. Köhler gleichfalls zu bestätigen die Güte hatte) wahrscheinlich, dass zu dieser Inschrift auch das Fragment bei Rang. 261: Ephim. arch. 2263 gehörte, das ich nach eigener Abschrift beifüge:

I Ⅼ Ⅼ E I I
I A Δ E Σ E
O Σ Σ Y N Ⅼ
K Ⅼ E I O N
O I H E P A K
Σ I H I E P O
J H O H E N O
J E I T O N Δ
O N H O
T O N Ξ Γ

Auf dem Relief ist links die sitzende Athena kenntlich. Sie war unthätig und hielt in der herabhängenden Rechten den Helm. Vor ihr steht, in wesentlich kleineren Proportionen, ein Mann in dem gewöhnlichen langen Gewand. Es wird Sotimos sein; vermuthlich erhob er die Rechte zur Anbetung. Am rechten Ende sind die Beine einer grösseren Figur, dabei Reste eines Gewandes und einer Keule erhalten, unverkennbar Herakles, der Schutzgott der Herakleoten. Dass er den Sotimos der Göttin 'vorgestellt' habe, wie Schöll S. 53 (vgl. S. 75) meint, ist durch Analogieen nicht zu belegen. Auf dem Relief eines Decrets, welches einem Apolloniaten die Proxenie ertheilt (CIG. 90), ist Apollo ohne bestimmte Action gegenwärtig.

53. Relief einer Platte mit einem öffentlichen Decrete: erhalten sind davon nur Reste der Überschriften. Publicirt von Pittakis Ephim. no 24 mit Abbildung: Schöll Arch. M. S. 61 no 37, vgl. S. 57: Rangabé no 933: Le Bas Mon. fig. pl. 35, 2 mit Abbildung: vgl. Stephani C. R. 1861 S. 55: Friederichs Bausteine no 108. Abguss im Berliner N. Museum no 307. Nach Pittakis ist der Stein in den Propyläen gefunden.

Die Inschrift unmittelbar unter dem Relief lautet nach sicherer Ergänzung Σωτίων ἐγραμμάτευεν Ἐλευσίνιος. Unterhalb des erhobenen unteren Randes, als Überschrift des Decretes, stand: Καλλίας Ἀγγελῆθεν ἦρχεν (377 v. Chr.). Über die ungewöhnliche Beifügung der Demosangabe s. MEHMeier Comment. epigr. II S. 73: Sauppe Commentatio de creatione archontum atticorum S. 21 f. Wegen des in besonderer Überschrift genannten Schreibers s. Böckh Epigraph. chron. Studien S. 42 f. Es lässt sich nicht feststellen, ob Sotion auch in dem Decret selbst genannt gewesen ist: denkbar wäre, dass er in ein späteres Jahr gehörte und dass wir es mit der nachträglichen Ausfertigung eines älteren Beschlusses zu thun hätten, wie bei den die Methonäer betreffenden Decreten. Keinesfalls aber könnte diese Ausfertigung, also auch die Herstellung des Reliefs, viel später als das Archontat des Kallias angesetzt werden.

Der Gegenstand des Reliefs ist unverkennbar. Athena reicht einem vor ihr stehenden bärtigen Manne die Rechte. Über dessen Kopfe stand eine Inschrift, von der ΚΙΟΣ deutlich erkennbar ist, und so lesen Pittakis, Rangabé, Stephani und Köhler Hermes V 16. O. Müller bei Schöll las ΣΚΙΟΣ: wie ich mich Angesichts des Originals überzeugt habe, entschieden falsch. Dagegen fand ich vor dem ersten Buchstaben einen senkrecht herabgehenden Riss des Steines und glaubte in diesem Spuren eines I zu erkennen, so dass Ἴκιος zu lesen wäre. Auf eine bezügliche Anfrage ist Prof. Köhler so freundlich zu antworten: 'Ich glaube, dass nur ΚΙΟΣ auf dem Steine gestanden habe. Unbedingt sicher ist allerdings die Sache nicht, da vor K ein Riss im Stein ist.' Es fehlt also an einem zweifellosen Anhalt für die Deutung der Figur. Dass es sich um Abschluss eines Vertrages zwischen Athen und einem anderen Staate handelt, wird von vorn herein durch die Analogie ähnlicher Reliefs wahrscheinlich. Stand ΚΙΟΣ da, so müsste die Stadt Kios in Bithynien gemeint sein. Die Figur könnte dann Kios, der Gründer der Stadt sein, den man entweder als einen Gefährten des Herakles (Strabo XII 564 u. A.), oder als den Führer der dort angesiedelten milesischen Colonie betrachtete (Aristoteles bei Schol. Apoll. Rh. I 1177 vgl. Et. M. 512, 35). Beide kann man sich aber nur in Heroengestalt denken, während Costüm und Haltung der Figur einen Sterblichen zu verrathen scheinen. Es kommt dazu, dass wir von Beziehungen Athens zu Kios, welches dem ersten Seebund allerdings angehörte (s. Köhler Urkunden und Unters. S. 165), in dieser Zeit nichts wissen.

Hat ΙΚΙΟΣ dagestanden, so wäre die männliche Figur, da an den spät und vereinzelt vorkommenden Namen Ikios nicht zu denken ist, ein Bürger von Ikos, einer der kleinen Inseln nördlich von Euböa, östlich von Magnesia. Das Aussehen der Figur würde dem sehr gut entsprechen: eine Analogie aber für eine solche Vertretung von Ikos der athenischen Stadtgöttin gegenüber durch 'einen Ikier' vermag ich nicht nachzuweisen. Die historischen Verhältnisse würden hier soviel ich sehe keine Schwierigkeit machen. Dem unter dem Archon Nausinikos 378 v. Chr. gegründeten zweiten attischen Seebunde ist laut der erhaltenen oft gedruckten Urkunde (Rangabé 381 *bis* S. 373 ff.) auch Ikos beigetreten, und zwar, wie Schäfer De sociis Atheniensium S. 9 zeigt, erst im folgenden Jahre, unter dem auf dem vorliegenden Stein genannten Kallias. Dass mit diesen nachträglich zugekommenen und auf der Urkunde Z. 69—72 eingetragenen Bundesgenossen besondere Verträge abgeschlossen wurden, zeigt z. B. das die Kerkyräer betreffende Decret Rangabé no 382 (Schäfer a. a. O. S. 12). Auch von dem Vertrag mit Byzanz hat sich das attische Exemplar erhalten, s. Köhler Hermes V 10. 330.

54. Relief über einer Schatzmeisterurkunde, jetzt in der Pinakothek. Die Reste der Inschrift sind publicirt von Pittakis Ephim. arch. no 28 mit Abbildung: Schöll Arch. M. S. 59 no 31, vgl. S. 71 mit Abbildung auf Tf. III 6: Böckh Staatsh. II² 301: Rangabé no 821: Le Bas Mon. fig. Tf. 42 mit Abbildung.

Vgl. Friederichs Bausteine no 407; Sauppe Sophokleische Inschriften in den Nachr. von der Gött. K. Ges. d. W. 1865 S. 219 ff.; Stephani C. R. 1861 S. 90 ff. Abguss im Berliner Neuen Museum no 303; im Catalog ist die sichere Datirung der Inschrift verkannt.

Die Reste der Inschrift lauten nach der glänzenden Herstellung von Böckh:

Τάδε οἱ ταμίαι τῶν ἱερῶν χρημάτων τῆς Ἀθηναίας καὶ τῶν ἄλλων θεῶν οἱ ἐπὶ Λάχητος ἄρχοντος Μαίδων Εὐωνυμεύς, Σωσικλῆς Κολωνῆθεν, Ἀλκιβιάδης Μυρρινούσιος, Πα.... Δαρεῖος Πειραιεύς, Πολύστρατος......, ... Πιθεύς, Ἀριστομήδης Ἀ......, ... Ραμνούσιος, Ἡγέλοχος Ἀλωπεκῆθεν, οἷς Φιλόλογος Φηγαιεὺς ἐγραμμάτευε, παραδεξάμενοι παρὰ τῶν προτέρων ταμιῶν τῶν ἐπὶ Ξεναινέτου ἄρχοντος...

Es ist das also die Urkunde von der Übergabe der Tempelschätze durch die zu Einer Behörde vereinigten Schatzmeister der Athena und der anderen Götter unter dem Archon Laches, 400 v. Chr., an ihre Nachfolger.

Auf dem Relief erkennt man Athena mit gesenkter Lanze, welche einer ihr gegenüber stehenden, auf ein Scepter gestützten weiblichen Figur die Hand reicht. Eine Stephane und die nicht gewöhnliche Haartracht sind die einzigen an derselben bemerkbaren Abzeichen. Müller bei Schöll S. 71 (dem Welcker A. Z. 1857 S. 100 = A. D. V S. 159 beistimmt), sah in ihr ein Stambild der Polis; Schöll S. 59. 74 dachte an eine Hestia oder Arche, Stephani an Eutaxia, jedenfalls in Hinblick auf no 63, an dieselbe oder an Hestia-Prytanitis Bötticher. Diesen Deutungen liegt die Annahme zu Grunde, dass Athena's Zufriedenheit mit der Amtsführung ihrer Schatzmeister ausgedrückt werden solle. Indess ohne Zweifel besorgten die Schatzmeister selbst die Herstellung des Reliefs wie der Inschrift, und es ist nicht denkbar, dass sie ein so undemokratisches Selbstlob sollten ausgesprochen haben. Sicher wäre auch einer nicht aus dem ganzen Zusammenhang erkennbaren, halb allegorischen Figur der Name beigeschrieben worden. Schon der Umstand, dass ausser der vorliegenden nur noch eine mit einem Relief verzierte Schatzmeisterurkunde (no 71) vorkommt, weist auf eine besondere Veranlassung für diesen Schmuck hin: wie in jenem anderen Falle, so lässt sich auch hier eine solche mit Wahrscheinlichkeit nachweisen.

Die Urkunde ist die älteste, in welcher die Schatzmeister der Athena und der anderen Götter zu einer einzigen Behörde von zehn Mitgliedern vereinigt sind, eine Einrichtung, die schon 385 v. Chr. nicht mehr bestand (CIG. 151). Wann sie ins Leben getreten ist, wird nicht überliefert: die letzte voreukleidische Urkunde ist von 407 v. Chr.; für 406 und 405 haben wahrscheinlich keine existirt (Kirchhoff Bemerkungen zu den Urkunden der Schatzmeister der anderen Götter S. 55), für die Jahre 404 bis 401 sind keine erhalten. Unmittelbar mit der Herstellung der Verfassung wird diese Veränderung so wenig wie andere, denen wir nach Eukleides begegnen, getroffen sein (vgl. S. 17): wenn es am Schluss des obigen Bruchstückes heisst, dass die Schatzmeister des J. 400 das, was zu übergeben war, παρὰ τῶν προτέρων ταμιῶν empfangen hätten, so folgt daraus noch nicht, dass Zahl und Titel dieser vorjährigen Schatzmeister dieselben gewesen seien, und es bleibt sehr denkbar, dass die Vereinigung der beiden Behörden erst 401 beschlossen und 400 erfolgt sei. Dies wird besonders wahrscheinlich durch das Relief, auf dem Athena einer ihr durchaus coordinirt gegenüber stehenden Göttin die Hand reicht. Nach dem durchgehenden Gebrauch dieser Denkmälergattung hat man darin das Symbol der Eingehung eines Bundes zu sehen, und dabei lässt sich kaum an etwas Anderes denken, als an die Verschmelzung der beiden bis dahin getrennt gewesenen Behörden der Athena und der anderen Götter; diese letzteren wären durch die links stehende Göttin vertreten. Welches diese Göttin sei, ist schwer zu bestimmen. Wir kennen aus der Logistenurkunde (Rang. 2253, wozu noch das Fragment Ephim. arch. 1863 no 115 kommt) und aus den von Kirchhoff in der mehrfach citirten Abhandlung gesammelten Bruchstücken von Rechnungen der Schatzmeister der andern Götter eine grosse Zahl dieser 'anderen Götter'. Die weiblichen darunter sind folgende: Adrasteia, Aphrodite ἐν κήποις, Artemis Ἀγροτέρα Βραυρωνία Ἑκάτη Μουνυχία, Athena unter verschiedenen Beinamen, Hestia, Hera ἐς Ν..., die Μήτηρ ἐν Ἄγραις und die Musen. Unter diesen würde man zunächst an Hera denken. Indess das Verzeichniss ist natürlich unvollständig. In einem Schatzverzeichniss vom J. 375 v. Chr. (Rang. 2337, besser von Velsen Bull. 1855 S. XVI ff.), welches nach Köhlers mir freundlich mitgetheilter sehr wahrscheinlicher Vermuthung auf die Schatzmeister der andern Götter zu beziehen ist (s. no 71), spielen Demeter und τὼ θεώ eine grosse Rolle. Auch ὀγ[illegible] γεγραμμένον Ἐλευσινόθεν nach von Velsens Ergänzung wird darin erwähnt. Sollten nach Eukleides etwa die Tempelschätze von Eleusis auf die Burg gebracht worden sein, und wir in der der Athena gegenüberstehenden Göttin Demeter oder Kora erkennen dürfen? Beachtenswerth ist, dass die ältere der Göttinnen auf dem unter dem Namen des 'eleusinischen' bekannten Relief dasgleiche, nur noch länger herabfallende, nicht aufgebundene Haar hat, das an der vorliegenden Figur auffällt, und ein genau entsprechendes Scepter führt. In ihr erkennt Jahn Aus der Alterthumswiss. S. 231 eine Anlehnung an ein angesehenes Cultusbild. Indess sind die Schatzverhältnisse in der Zeit nach Eukleides noch so sehr der Untersuchung bedürftig, dass es trotz starker Analogieen vielleicht zu kühn ist, eine Vermuthung zu wagen.

55. Fragment, auf den nördlichen Stufen des Parthenon aufgestellt. Dasselbe gehörte schwerlich zu einem Decret, da die Unterfläche der Platte bearbeitet, nicht gebrochen ist; es wird ein Votivrelief für Athena gewesen sein.

56. Fragment im Museum der Archäologischen Gesellschaft. Die Reliefplatte war ungefähr M. 0,20 dick; die Reliefsrhebung beträgt gegen M. 0,07.

Man erkennt einen vom Rücken gesehenen Jüngling, der mit dem rechten Bein über einen Bord steigt; ein anderer, von vorn gesehen, wird hinter ihm sichtbar. Das Hauptinteresse des Fragmentes beruht darauf, dass was zu erkennen ist, fast Zug für Zug übereinstimmt mit einer Gruppe des Schiffskampfes auf einem schönen Relief in Venedig (Zanetti II 50; Valentinelli Marmi scolpiti del museo archeologico della Marciana di Venezia 1866 p. 188 no 231 tav. XLVIII; Jahn Arch. Z. 1866 S. 217 ff. Tf. CCXIV, wo die übrige Litteratur angeführt ist). Der Fundort des venezianischen Exemplars ist ganz ungewiss. Die Sammlung Grimani, mit der es Ende des 16. Jhdts nach Venedig kam, befand sich allerdings zu Rom auf dem Quirinal, so dass es nicht Wunder nimmt, wenn eine Zeichnung des Reliefs unter den Papieren Fulvio Orsini's vorkam; indess können einzelne Monumente aus Oberitalien, auch aus Venedig, der Vaterstadt der Familie, dorthin gebracht worden sein. Valentinelli a. a. O. S. XI giebt an, dass sie im 16. Jhdt besonders aus Ausgrabungen in Aquileja, dessen Patriarchen mehrere Grimani nach einander waren, bereichert worden sei. Selbst die Möglichkeit, dass das Relief zu den aus Griechenland nach Venedig gebrachten Kunstwerken gehöre, scheint mir nicht ausgeschlossen, obgleich diese Winkelmanns Meinung ist (Briefe II S. 192) und Jahn a. a. O. S. 217 ihm beistimmt. Vielleicht aber stammt es vielmehr aus Brescia.

Mit dem Venezianischen Relief ist schon von Welcker (Neuester Zuwachs des academischen Kunstmuseums zu Bonn S. 20 Anm.*)) ein anderes in Brescia (Labus Mus. Bresc. illustrato I tav. 51 S. 156 ff.) zusammengestellt und von Jahn (A. Z. 1866 Tfl. CCXV 1 S. 225 ff.) zusammen publicirt und erläutert worden. Es stammt aus der Sammlung Averoldi und soll 1690 in Brescia bei dem Kloster Sa Giulia gefunden sein. Während Jahn in dem ersteren mit Welcker die Landung der Achäer in Mysien erkennt, hält er das letztere mit Labus für eine Darstellung der Schlacht bei Marathon: eine Deutung, der, mit einigen Bedenken, auch Raoul Rochette Journ. des Savants 1845 S. 544 ff. zustimmt. Mir schien und scheint nach den Abbildungen die Übereinstimmung der beiden Reliefs auch in den Besonderheiten der Ornamente so gross, dass sich die Vermuthung ihrer Zusammengehörigkeit aufdrängt. D. Pietro Da Ponte in Brescia, dessen Einsicht und Gefälligkeit ich mehr als Ein Mal grossen Dank schuldig geworden bin, hatte die Güte, mir über das Relief in seiner Vaterstadt nähere Auskunft zu geben. Nach seiner Messung ist dasselbe ohne Carnies M. 0,62 hoch: der Carnies ohne den oberen glatten Rand 0,11, mit demselben 0,145. Das Venezianische Relief misst nach den auf den Bonner Gypsabguss gegründeten Mittheilungen meines Freundes Kekulé ohne Carnies M. 0,68: der Carnies ohne den obern glatten Rand 0,100, mit demselben 0,126. An beiden Reliefs ist die höchste Reliefserhebung M. 0,09. Die Übereinstimmung der Maasse erscheint um so bedeutender, wenn man beachtet, dass das Relief in Venedig etwas ungleichmässig gearbeitet ist, wie schon die Abbildung bei Jahn zeigt und Kekulé bestätigt. Die einzige grössere Differenz, die in der Höhe des eigentlichen Reliefraumes, erklärt sich dadurch, dass an dem Relief in Brescia unten offenbar ein Streifen von mindestens M. 0,06 weggebrochen ist. Auf diese Beobachtungen hin meine ich die beiden Reliefs als zusammengehörig betrachten zu dürfen, und ebenso glaubte Kekulé sich entscheiden zu müssen, der eine grosse Zeichnung des Carnieses am Brescianer Relief mit dem Abguss des Venezianischen vergleichen konnte. Die Bruchstücke gehören natürlich nicht unmittelbar zusammen. Da sie wohl von einem Fries herrühren, so können sie auch von verschiedenen Abtheilungen desselben stammen. Für die Deutung ergiebt sich deshalb nur so viel, dass das Venezianische Relief vermuthlich ebenso wie das von Brescia auf eine historische Begebenheit zu beziehen ist. Man kann an die Schlacht bei Salamis denken, aber eben so gut auch an andere Schlachten. Die angebliche Verwandtschaft der Darstellung mit einer Bronzemünze von Abydos (Mionnet II S. 637, 56) beschränkt sich auf eine ganz allgemeine Ähnlichkeit des Gegenstandes. Das athenische Bruchstück zeigt wenigstens so viel, dass die Erfindung des Frieses der attischen Kunst gehört.

57. Reliefplatte, M. 0,11 dick, gegenwärtig am Fuss der Westfront des Parthenon aufgestellt: gefunden im Temenos der Athena Ergane nach Pervanoglu Bull. 1866 S. 131. Die Platte ist links gebrochen und rechts vollständig. Unten ist sie mit einem breiten vorspringenden Rande, oben mit einem Kymation abgeschlossen. Das Loch, das in der oberen Ecke sichtbar wird, mündet auf der oberen Fläche der Platte bei *a*, wie die Hilfsfigur zeigt.

Zwei weibliche Figuren in der gewöhnlichen attischen Tracht sind erhalten. Links, in der Schenkelhöhe der einen ist ein verstümmelter Rest einer Erhebung, der etwa von dem gebogenen Rücken einer knieenden oder sitzenden Figur herrühren könnte: indess vermochte ich auch vor dem Original kein sicheres Urtheil zu gewinnen. Die beiden weiblichen Figuren sollen nach Pervanoglu 'in colloquio' begriffen sein. Davon ist nichts zu sehen. Die vordere scheint in der linken Hand irgend einen Gegenstand, einen Stab oder dergl. gehalten zu haben. Die Stelle ist beschädigt, aber ein Loch und eine daran sich schliessende rinnenförmige Vertiefung glaube ich mit Sicherheit zu erkennen. Die hintere hatte beide Hände erhoben, mit einer Bewegung, die sehr lebhaft an die spinnenden Frauen des Sabinergebirges erinnert. Da das Monument im Bereich der Athena Ergane gefunden ist, so liegt der Gedanke an die Kekropstöchter nahe, auf welche die Thätigkeit dieser Göttin übertragen war: Phot. προτόνιον (danach Suid.) ἱματίδιον ὃ ἡ ἱέρεια ἀμφιέννυται· ἐπιτίθεται δὲ ἀπὸ τῆς ἱερείας τῷ πράττοντι. προτόνιον δὲ ἐκλήθη, ὅτι πρώτη Πάνδροσος μετὰ τῶν ἀδελφῶν κατεσκεύασε τοῖς ἀνθρώποις τὴν ἐκ τῶν ἐρίων ἐσθῆτα coll. Poll. X 191; Preller Gr. Myth. I[2] 165. Links oben, neben dem Kopf der hinteren Figur sind die Buchstaben HP erhalten, wohl Reste des beigeschriebenen Namens einer jetzt verlorenen Figur: wenigstens kommen andere Inschriften an solcher Stelle auf attischen Monumenten meines Wissens nicht vor. Das H weist auf die Zeit nach oder kurz vor Eukleides: doch verbietet der Stil, es für viel jünger zu halten. Die Oberfläche ist nicht unverletzt, namentlich haben die Köpfe gelitten. Aber die freie, schöne Arbeit und vor Allem die grosse Sorgfalt und Geschicklichkeit in der Anordnung der Figuren, welche unschöne Begegnung von Linien besonders in der Silhouette ängstlich vermeidet, wird kein geübtes Auge verkennen.

Unter den möglichen Bestimmungen des Monuments ist die Annahme eines Votivreliefs die wahrscheinlichste. Entschieden irrig ist Pervanoglu's Meinung, dass es zum Fries des Tempels der Athena Ergane gehört habe: die Reste einer Inschrift machen die Anführung anderer Gegengründe überflüssig.

58. Fragment eines Decretes, jetzt auf den Stufen der Ostfront des Parthenon aufgestellt: gefunden nach Pittakis 1843 östlich vom Parthenon. Die Reste der Inschrift sind herausgegeben von Pittakis Ephim. arch. no 1403; Rangabé no 2307. Sie lauten nach meiner Abschrift:

```
ΜΟΣΧΟΥΝΑΙ
       Θ   Ε   Ο   Ι
ΕΠΙΔΙΟΤΙΜΟΥΑΡΧΟΝΤΟΣΕ   354 v. Chr.
ΠΙΤΗΣΑΝΤΙΟΧΙΔΟΣ . . . . .
ΣΠΡΥΤΑΝΕΙΑΣΗΙ . . . . . .
. .  ΝΑΧΑΡΝΕΥΣΕΓΡΑΜΜΑΤ
ΕΥΕΝ . . . . . . . . . . . . . . . . .
```

Schon Rangabé hat erkannt, dass die oberste besonders geschriebene Zeile denjenigen angiebt, auf den das Decret, das wahrscheinlich die Ertheilung der Proxenie oder einer ähnlichen Ehre enthielt, sich bezog (cfr. no 52; 93; CIG 90; 475 nach Stephani tit. gr. V p. 9 und Stark Städteleben in Frankr. S. 552; Rang. 2296 u. A.), und dass zugleich seinem Namen das Relief galt. Die im Wesentlichen sichere Ergänzung der ersten Zeile des Decretes zeigt, dass rechts wenig mehr als die Hälfte der Platte weggebrochen ist: auf dem Relief ist also sicher nichts als der junge Stier dargestellt gewesen.

von dem ein Theil erhalten ist. Von derartigen Anspielungen auf die Bedeutung eines Namens ist das bekannteste attische Beispiel der Grabstein eines [illegible], Stephani Titull gr. III p. 23, s Tf. I. Le Bas Mon. fg. Tf. 78. Ephim. arch no 391. Rangabé no 1085. Pervanoglu Grabsteine S. 63. Kumanudis Ἀττ. ἐπιγρ. ἐπιτ. no 2102. Vgl. Welcker AD. V S. 72 Anm. 21. Über den Gebrauch im Allgemeinen, so weit er auf Grabsteinen zu Tage tritt, hat Stephani a. a. O. S. 18 ff. gehandelt. Römische Beispiele stellen Fabretti Inscr. ant. p. 186 ff. und Stephani a. a. O. S. 23 ff. zusammen; darunter ist der Grabstein eines P. Aelius Taurus, auf welchem, dem obigen Relief ganz analog, ein Stier in Relief ausgearbeitet ist; derselbe befindet sich jetzt in der Sammlung zu Castle Howard, s. Conze Arch. Anz. 1864 S. 217*.

58. Relief zum Schmuck eines jetzt verlorenen öffentlichen Decretes, dem in besonderer Zeile der Schreiber übergeschrieben war: ὁ δεῖνα ἐγραμμάτευε. Jetzt im Museum der archäologischen Gesellschaft. Die vorenkleidischen Buchstaben stimmen zu dem noch strengen, von Anklängen ans Alterthümliche nicht freien Stil des Reliefs, das man schwerlich unter die perikleische Zeit wird herabrücken dürfen. Soweit der Stil ein Urtheil gestattet, ist dieses das älteste unter allen uns erhaltenen Reliefs seiner Gattung.

Die vier erhaltenen Figuren sind unverkennbar Männer in der gewöhnlichen Tracht des Lebens; man denkt zunächst an Mitglieder eines attischen Beamtencollegiums. Dem anbetenden Gestus der äussersten Figur rechts zufolge haben wir uns diese Figuren einer Gottheit gegenüber zu denken. Einigermassen verwandt ist das viel jüngere und unbedeutendere Bruchstück, von dem die Ephimeris arch. no 453 eine schlechte Abbildung giebt; es gehörte zu einem Belobigungsdecret.

60. Relief oberhalb einer Urkunde, jetzt in der Pinakothek. Auf dem erhobenen Rande unter dem Relief sind Reste zweier Zeilen erhalten. In der oberen ist vielleicht ἄρχων ἐπὶ Η... oder ἐπ... zu lesen; das letztere ist mir nach einem mir vorliegenden Papierabdruck wahrscheinlicher. Die Formen der Buchstaben stimmen nicht überein mit denen der Urkunde selbst, von der unterhalb des Kymations noch ausgedehnte, aber unkenntliche Reste erhalten sind. Das noch vorhandene Stück der Platte würde Raum für etwa 20 Zeilen bieten. Die Buchstaben waren reihenweis geordnet und zeigen die Formen etwa der Mitte des 4. Jahrhunderts. Die Tafel ist so verwittert, dass es sich nicht der Mühe verlohnt, die wenigen Zeichen, die mir zu entziffern gelungen ist, abzudrucken. Sollte die Inschrift wie gewöhnlich mit Nennung des Archon begonnen haben, so hat wol ΕΠΙΑΡΙΣΤΟΦΑΝΟΥΣ 331 v. Chr. dagestanden, was in den Raum passt; doch stimmen dazu einige Buchstabenspuren nicht ganz.

Von dem Relief ist nur Athena erhalten, welche die Rechte erhebt, als stütze sie dieselbe auf die Lanze; da diese nicht in Relief ausgedrückt ist, wird man sie gemalt zu denken haben.

61. Fragment eines ähnlichen Reliefs, in der Pinakothek. Von einer Inschrift ist nichts erhalten. Wahrscheinlich ist dieses das Fragment, welches Schöll (im Häuschen hinter der Pinakothek) sah und S. 62 no 11 c so beschreibt: „Rest einer kleinen Stele. Rechts Pallas, nach l. profil., im Chiton, den Schild am Boden, die Rechte aufgelegen. Hand fehlt.“

62. Relief, zu einem fast ganz verlorenen Decret gehörig. Publicirt von Pittakis Eph. arch. no 352; Schöll Arch. M. S. 60 no 36. S. 75. Tf. III 5; Le Bas Mon. fig. Tf. 39; Gerhard Akad. Abh. I S. 361 Tf. XXVI 5; Jahn Aus der Alterthumswissenschaft S. 214 Tf. I 4. Michaelis Parthenon S. 279 Tf. XV 6. Gazette des beaux arts VIII 205 mir unzugänglich; vgl. Welcker Arch. Z. 1857 S. 99 = AD. V S. 158 f. Pervanoglu ebda 1860 S. 24 no 7. Friederichs Bausteine no 410. Ein Abguss im Berliner N. Museum no 294. Beschrieben ist das Relief auch von Rangabé I S. 318 no 6; die Reste der Inschrift vermag ich in seinem zweiten Bande, auf den er verweist, nicht zu finden. Dieselben lauten

ΑΡΧΟΝΤΟ
ΕΡΓΕ
ΚΡΟΠ

Die erste Zeile nahm der mit grösseren Buchstaben geschriebene Archon ein. Auch die zweite scheint eine besondere Überschrift gebildet zu haben; wenigstens ergiebt eine genaue Berechnung des Raumes, dass [illegible] die Zeile gerade gefüllt haben würde. Danach sollte man dann freilich in der folgenden Zeile den Namen dessen, den das Decret betraf, erwarten, während die erhaltenen Buchstaben eher auf Κεκροπίδος, also die Angabe der Prytanie führen. Auch auf dem erhobenen unteren Rande des Reliefs glaubte ich Spuren einer Inschrift, namentlich unterhalb des rechten Fusses der Athena ein kleines O zu erkennen.

Auf dem Relief ist Athena in einer dem Goldelfenbeinbild des Phidias besonders nahe verwandten Art dargestellt, worüber jetzt bei Michaelis die nöthigen Nachweisungen zu finden sind. Wenig oberhalb des linken Handgelenkes der Göttin ist ein kleines rundes Loch; sollte hier irgendwie die Lanze angesetzt gewesen sein? Die Nike scheint die Rechte erhoben zu haben. Dass man in der bärtigen Gestalt, der Göttin gegenüber, wegen ihrer Grösse schwerlich einen Sterblichen sehen darf, heben schon Schöll S. 75 und Friederichs hervor. Gehörte das Relief zu einem Proxeniedecret, so stellt die Figur jedenfalls den Schutzgott der Vaterstadt des Geehrten vor. Eine sichere Benennung ist aber auch dann, nach Verlust der Inschrift, unmöglich. Welckers Deutung auf ein Siegesrelief ist mit den Resten der Inschrift nicht zu vereinigen.

63. Relief jetzt in der Pinakothek, publicirt bei Le Bas Mon. fg. Tf. 37, 2; vgl. R. Förster Ann. dell' Inst. 1870 S. 219. Ein Abguss im Berliner N. Museum no 309.

Dass das Relief zu einer Inschrift gehörte, zeigt Form und Bruch des unteren Randes. Wahrscheinlich besitzen wir noch einen Theil der betreffenden Platte mit der verstümmelten und schwer lesbaren Inschrift Rangabé no 1211. Pittakis Ephim. arch. 959; nach diesem gefunden 1839 westlich vom Parthenon. Sie ist links vollständig, auf allen anderen Seiten gebrochen. Der Anfang lautet:

ΕΙΝΕΞΕΙΝΑΙΓΡΑΥΑΙ
ΥΚΑΙ ΚΑΤΑΤΟΝΑΝΔΡΑΕΙΣ
ΩΙΔΗΜΩΙΔΟΚΗΙ

ΟΙΔΕΕΛΗΙΡΤΟ ΗΣΑΝΕΠ

ΥΤΑΣΙΑΣ ΟΙ
ΞΡΕΧΘΗΙΔΟΣ Λ
ΚΗΦΙΣΟΔΩΡΟΣΜΕΙΔΙΟΥΛ ΡΙΟΣ Ι
ΑΡΧΕΒΙΟΣΑΡΧΕΒΙΑΔΟΥ Ρ Λ

und so folgen je unter der Überschrift einer der zehn Phylen je zwei vollständig ausgeschriebene Namen, welche gegen den Phylennamen immer um eine Stelle eingerückt sind, ohne dass sonst die Buchstaben reihenweis geordnet wären. Die Buchstaben rechts am Bruch setzen sich in der ganzen Länge der Platte fort; sie bezeichnen den Anfang einer zweiten Columne. Es fehlt uns also nahezu die Hälfte der Platte; denn mehr als zwei Columnen sind schwerlich anzunehmen. Die zweite Columne war übrigens nicht wie die erste eingerichtet: es ist nichts von einem Einrücken je der zweiten und dritten Zeile zu bemerken; auch stimmen die Buchstaben, soweit ich sie erkennen konnte, nicht zu den Anfangsbuchstaben der Phylennamen. Da für den gegenwärtigen Zweck die Kenntniss der Überschriften und der Anordnung des Ganzen genügt, unterlasse ich die Mittheilung des Übrigen, obgleich die vorhandenen Abdrücke sich wesentlich verbessern und vervollständigen lassen. Die Vermuthung der Zusammengehörigkeit von Relief und Inschrift beruht auf der Gleichheit des Materials, auf der Ähnlichkeit der Buchstaben der letzteren mit denen der Beischrift des Reliefs ΕΥΤΑΞΙΑ und vor Allem auf der Wiederkehr dieses Wortes in der Inschrift selbst.

Εὐταξία ist, wie Keil, Philol. Suppl. II 575 gezeigt hat, der technische Ausdruck für Wohlverhalten in Gymnasium und Palästra, s. CIG. 116. 2455. 6819, 16. Daher in den Belobigungsdecreten der Epheben ihre εὐταξία eine grosse Rolle spielt: s. Ephem. 2167, 10; 4041, 21. 4097 (= Philist. I S. 46 ff.) Z. 17. 21. 35; 4098 (= Philist. I S. 48 ff. Z. 16. 39. 52. 55. 4101 (= Philist. I S. 50 ff. Z. 34. 46; 4107, 55; Philist. I S. 255, Z. 16. Die Überschrift Εὐταξίας bezeichnet, also (ganz wie CIG. 116) diejenigen, die um dieses Wohlverhaltens willen belobt werden, sei es, dass sie es selbst bewährten, sei es, dass sie es im Gymnasium aufrecht hielten. Die abweichende Ansicht Rangabé's bedarf nicht der Widerlegung. Augenscheinlich enthielt der Theil der Inschrift, zu dem die ersten erhaltenen Zeilen gehören, die Ermächtigung, dieses Verzeichniss aufzustellen; eine wahrscheinliche Ergänzung hat mir nicht gelingen wollen. Die Ausgezeichneten sind dann noch unter eine allgemeine Überschrift gebracht, welche man schwerlich anders als mit Rangabé so lesen kann: οἵδε λιγιρτούργησαν (für ἐλειτούργησαν) ἐπὶ [τοῦ δεῖνα ἄρχοντος]. Die Annahme eines wunderlichen Versehens des Steinmetzen ist immer misslich; aber ich sehe nicht, wie man hier ohne dieselbe auskommen will. Der Name des Archons ist verloren; einen Anhalt für die Zeit giebt, dass die Inschrift noch in die Epoche der zehn Phylen gehört. Die Buchstaben erlauben wohl kaum, sie über die spätere Demosthenische Zeit hinaufzurücken.

Wenn somit die um der Eutaxia willen Ausgezeichneten zugleich als λειτουργήσαντες bezeichnet werden, so denkt man nach dem Obigen zunächst an die Gymnasiarchen, welche für die Feste die Theilnehmer des Fackellaufes einübten (s. Böckh Staatsh. I[2] 609 ff. bes. 611 ff.), etwa wie Eph. 4098, 75 ein Kosmet belobt wird, weil er ἐφρόντισεν ταῖς ἐκκλησίαις ἐν ὅπλοις συναντῶντας τοὺς ἐφήβους παραγόμενος. Nach der Hypothesis zu Dem. Mid. S. 501 wäre für die Panathenäen allein aus jedem Stamm ein Gymnasiarch genommen worden, vgl. CIG. 251. Hier jedoch erscheinen je zwei aus jedem Stamme. Indess ist in Hinblick auf das Relief vielleicht nicht an Gymnasiarchie allein zu denken.

Hier sehen wir zunächst rechts en face die Figur der Εὐταξία in doppeltem Gewande. Der Chiton wird auf den Schultern durch eine auf dem Rücken gekreuzte Schnur gehalten, vgl. Die ant. Bildwerke des Lateran. Mus. no 135[a] S. 86: das dort erwähnte Fragment einer Selene vom Parthenon jetzt auch bei Michaelis Parthenon Tf. VI 17. Was die Linke that, ist nicht deutlich: sie scheint einen Gegenstand (etwa ein Diptychon?), sicher aber nicht wie Förster will, den Zipfel des Gewandes gehalten zu haben. Die Rechte, an welcher Daumen und Zeigefinger ausgestreckt, die übrigen Finger eingezogen sind, ist seitwärts erhoben; ebendahin war der Kopf gewendet. Der Gestus scheint eine Rede oder eine Anweisung zu begleiten. Wie Förster mit Le Bas an eine Bekränzung der nebenstehenden Figur denken, also annehmen kann, dass diese Hand einen Kranz gehalten habe, verstehe ich nicht. Ebenso wenig ist seine weitere Erklärung annehmbar, dass der nebenstehende, augenscheinlich bärtige Mann 'un uomo ben merito della patria forse per aver messo in assetto le finanze disordinate' sei. Wenn man die links am Ende stehende Figur betrachtet, welche unverkennbar ein auf einen Stab gestützter Mann in einem auf die Kniee reichenden Gewand ist, so ergiebt sich mit Sicherheit, dass die vorhergehende Figur kein Sterblicher sein kann, dem man auch mit der Eutaxia schwerlich dieselbe Grösse gegeben hätte. Die Benennung der Figur ist dadurch freilich noch nicht gefunden. Man darf annehmen, dass sie die nebenstehende kleinere Figur bekränzte und dass ein ähnlicher Act wie no 75. 76. vorgestellt war. Neben ihm im Grund erscheint ein auf einer Säule aufgestellter Dreifuss, augenscheinlich ein Weihgeschenk, wie wir sie zu Athen in den heiligen Bezirken des Dionysos und Apollo Pythios kennen, dargebracht von den siegreichen Choregen der Dionysien und Thargelien, s. Schömann zu Isaeus S. 311; A. Mommsen Heortologie S. 123. Das würde also vielmehr auf eine Beziehung zur Choregie deuten: die kleine Figur würde man für einen Hopliten halten, wenn diese nicht ausser Bezug zu einer Leiturgie zu stehen schiene. Es ist also wol an einen Pyrrhichisten zu denken, obgleich diese auf den mir bekannten Monumenten nicht bekleidet vorkommen. Wie sich alle diese, nach verschiedenen Richtungen weisenden Elemente zu einer Deutung der erhaltenen Figuren vereinigen lassen, bleibt unklar. Bötticher deutet das Relief auf einen Doppelsieg mit einem musischen und einem Pyrrhichisten-Chor und sieht in dem auf den Stab gestützten Mann den Choregen.

64. Relief, gegenwärtig auf den Stufen der NSeite des Parthenon aufgestellt.

Man erkennt Athena, welche in der vorgestreckten Rechten eine Schale zum Spenden gehalten zu haben scheint. Die Linke ist erhoben, als sei sie auf eine Lanze gestützt, die dann aufgemalt gewesen sein müsste, da sich keine Spur von plastischer Darstellung derselben findet. Auf dem oberen Rande des Reliefs sind undeutliche Reste einer Inschrift erhalten, vielleicht die Angabe des Archontats, vgl. no 69. Was ich davon zu erkennen vermochte, liesse sich ἐπὶ Νικομάχου (341 v. Chr.) oder Νικοκράτους (331 v. Chr.) lesen.

65. Ähnliches Relief, gegenwärtig ebenda aufgestellt. Athena scheint einer ihr gegenüberstehenden Figur die Hand gereicht zu haben; die Darstellung würde also an no 48 ff. sich anreihen.

66. Reliefbruchstück, jetzt in der Pinakothek; es scheint unten nicht gebrochen. Ein Abguss im Berliner N. Museum no 315. Die ganze Oberfläche ist leider stark verwittert, so dass über mehrere wichtige Einzelheiten ein sicheres Urtheil unmöglich ist.

Man sieht links zwei nach rechts gewandte Figuren. die vordere steht vor der Ante, welche links den Abschluss des Reliefs bildet, und scheint männlich zu sein. ihre rechte Hand war vermuthlich mit der Geberde der Anbetung ein wenig erhoben. Über ihr sind verstümmelte Reste einer Inschrift, wahrscheinlich ihres Namens, zu erkennen ΛΙΚΟΓ ΟΣ d. i. . . . νικος. Die zweite Figur war der Gewandung nach weiblich, hatte die Rechte ebenso bewegt und scheint in der Linken einen Gegenstand gehalten zu haben, vielleicht eine Büchse oder dergleichen. Über ihr, auf dem oberen Rande des Reliefs, sind die Buchstaben ΛΕΟΝΤ erhalten, vielleicht auf sie bezüglich, da die Schrift klein ist und schwerlich zu einer besonderen Überschrift gehört. Vor diesen Figuren, nach links gewandt, kniet eine dritte, deren Geschlecht nicht zu bestimmen ist; ein Gewand umhüllt den Unterkörper. Sie beugt sich vor, einer kaum kenntlichen Figur zu, von der nur Spuren des Kopfes und eine Hand, wie es scheint die rechte, deutlich sind. Ich glaubte darin, unter Vergleichung des Fragmentes no 68, ein kleines, aus einem Korbe vorsehendes Kind erkennen zu dürfen, obgleich mir die Hand etwas zu gross erschien. Herr Dr Matz, welcher nach mir das Relief gleichfalls gezeichnet hat und so freundlich war mir seine Zeichnung mitzutheilen, meint, dass die unterhalb dieser Hand rechts nach dem Knie herabgehende Linie, welche ich für den Seitencontur des vorausgesetzten Korbes gehalten hatte, vielmehr der Contur des Unterarmes sei und dass es sich nicht um ein Kind, sondern um eine grössere aus dem Boden hervorkommende Figur handele. Prof Köhler, der so freundlich gewesen ist auch dieses Monument auf meine Bitte nochmals zu prüfen, glaubt gleichfalls die Figur eines Erwachsenen, die aus dem Boden aufsteigt, erkennen zu müssen. alles Übrige erschien ihm zweifelhaft. Rechts von der knieenden Figur steht ein unbekleideter Jüngling, der augenscheinlich nach der sich vollziehenden Handlung hinblickt. In seiner vorgestreckten Rechten ist ein Loch, das auf einen einst hier angefügten Gegenstand deutet. Hinter ihm im Grund sieht man eine Art von Pfeiler, der oben eine breitere stehende Platte oder dgl. trägt. Was gemeint sei, kann no 67 veranschaulichen. Es ist diess ein kleiner Pfeiler aus pentelischem Marmor, der auf der Akropolis steht, wenn man durch die Propyläen eintritt rechts vor der senkrecht geglätteten Felswand, die das Temenos der Artemis Brauronia im N. begrenzt. Die Inschrift Νικαρέτη ἐπὶ Πολέμωνος ἀνέθηκεν ist meines Wissens ungedruckt; sie enthält eine Weihung, ohne Zweifel an Artemis Brauronia, welche ja besonders von Frauen verehrt wurde. durch den Aufstellungsort erklärt sich, warum die Gottheit nicht genannt ist. Auf der Oberfläche ist, wie Fig. 67 A zeigt, ein viereckiges Loch, in dem noch gegenwärtig ein eingepasster, oben abgebrochener Marmorzapfen steckt. Er rührt jedenfalls von einem Votivrelief her, das auf diese Weise in den Pfeiler befestigt war. man sieht einen solchen Zapfen nicht selten an griechischen Reliefs; etwas ähnliches wenigstens zeigt der Grabstein no 121. Wahrscheinlich sind in dieser Weise viele Votivreliefs aufgestellt gewesen, da die meisten zu klein sind, als dass man sie unmittelbar im Felsboden hätte befestigen können. ganz in der Nähe des abgebildeten steht noch ein zweiter solcher Pfeiler. Einen verwandten Gegenstand haben wir auf dem Vasenbilde Ann. dell' Inst 1865 Tf. F zu erkennen. ein auf einer schlanken, wohl hölzernen Säule aufgestelltes Votivbild, vorn mit verschliessbaren, eben geöffneten Läden oder Deckeln, das Ganze in derselben Tempelform, die viele Votivreliefs zeigen. Lübberts Deutung ebda S. 90 ff. auf ein [illegible] scheint mir sehr bedenklich. Ebenso urtheilt Stephani C. R. 1868 S. 160, dem ich jedoch in der Erklärung des erwähnten Geräthes nicht folgen kann, weil mir dasselbe zu stehen, nicht von dem daneben befindlichen Manne gehalten zu werden scheint.

Die Deutung des Reliefs bleibt sehr ungewiss. Es liegt nahe an die Sagen von des Erichthonios Geburt zu denken. Aber ich finde in der Überlieferung keine Züge, welche auf die Einzelheiten der Darstellung passten. Auch konnte das Motiv des Aufsteigens aus der Erde recht wohl in anderer Verbindung vorkommen, so erwähnt Paus. I 15, 3 bei der Beschreibung des Bildes der Schlacht bei Marathon in der Stoa Poikile einen Θησέα ἀνιόντι ἐκ γῆς εἰκασμένος. Zu bemerken ist, dass die Buchstaben oberhalb der stehenden weiblichen Figur auf Λεοντίς führen. eine derartige Personification einer Phyle würde dem Sinne dieser Gattung von Darstellungen nicht widersprechen, wenn man auch als Repräsentanten zunächst den eponymen Heros erwartet.

67. 67 A. Dieses Monument ist bei Gelegenheit des vorhergehenden bereits besprochen.

68. Relieffragment, jetzt auf den Stufen der N.Seite des Parthenon aufgestellt; vgl. oben zu no 66.

Man sieht die Reste eines kleinen in einem Korb oder Kasten sitzenden Kindes, welches seine Arme aufwärts streckt, jedenfalls der anscheinend weiblichen Figur entgegen, von der rechts ein Fuss erhalten ist. Am Korb selbst sind wie es scheint die Formen des Kinderkörpers angedeutet.

Es ist schon oben erwähnt, dass das Fragment an den in eine Ciste verborgenen Erichthonios (Apollod. III 14, 6, 4. Ov. Met. II 553) erinnert. es könnte sich auf die wider Athenas Gebot erfolgte Öffnung des Korbes durch zwei von den Kekropstöchtern beziehen.

69. Zwei Fragmente, von denen das linke in der sog. Cisterne, das rechte auf den Stufen der O.Front des Parthenon steht. Die Zusammengehörigkeit ist durch die unverkennbare Übereinstimmung der Arbeit und durch die gleiche, über das gewöhnliche Maass dieser Reliefplatten hinaus gehende Dicke der Fragmente erwiesen. Die Anordnung derselben beruht auf der Voraussetzung, dass die Inschrift, von der nur . . ωνος übrig ist, die Angabe des Archons enthielt. Soll dessen Name nicht zu aussergewöhnlicher Länge angenommen werden, so kann das Relief nicht mehr als die drei Figuren enthalten haben, von denen die Reste übrig sind.

Die Hauptperson war die nach links gewandte weibliche Figur, die den vom Kopf herabfallenden Schleier mit der Rechten gefasst hält. Welche Göttin gemeint sei, sind wir vorläufig zu bestimmen ausser Stande. Ihr gegenüber stand, durch kleinere Proportionen kenntlich, ein Sterblicher; dass die Figur männlich sei, macht die Gewandung deutlich. Die Linke scheint erhoben, die Rechte vorgestreckt gewesen zu sein. Die Figur war also nicht mit der gewöhnlichen Geberde der Anbetung dargestellt. wenigstens kenne ich kein Beispiel, wo diese Geberde der linken Hand zugetheilt wäre. Was man links von der Schulter dieser Figur seitwärts vorragen sieht, ist ein Rest, dessen Bedeutung mir auch dem Original gegenüber dunkel geblieben ist.

Die letzte Figur zur Linken, ein nur mit einer Chlamys bekleideter Jüngling, gehört, ihren Dimensionen nach, zum Kreis der Götter oder Heroen. Da sie in der Linken zwischen dem ersten und zweiten Finger einen Gegenstand hält, der kaum etwas anderes sein kann als ein kleiner Beutel, so darf man hier Hermes erkennen.

70. Relief auf der Vorderseite einer Marmorbasis von M. 0,38 Tiefe; jetzt in den Propyläen aufgestellt. Das Relief ist in seiner ganzen Ausdehnung, besonders stark aber am rechten und linken Ende, so beschädigt, dass die Einzelheiten unkenntlich geworden sind. Dargestellt waren Scenen der Palästra, von Eroten aufgeführt.

Der erste Eros von links steht en face, ohne dass sich die Handlung der Figur deutlich erkennen liesse. Es folgt ein im Kampf begriffenes Paar: der erste in einer Stellung, die auf einen Pankratiasten deutet, vgl. Hirzel Ann. dell' Inst. 1863 S. 410; Die ant. Bildw. des Lateran. Mus. S. 55; der zweite, mit einer Chlamys bekleidete, sieht aus, als läge er zum Faustkampf aus. Es folgt ein Eros, der in trauernder Haltung dasitzt, augenscheinlich ein Überwundener: seinen Sitz bildet vielleicht eine Walze, die man auch in der links von der vorhergehenden Gruppe am Boden aufrechtstehenden Scheibe erkennen könnte; s. Arch. Z. 1869 S. 107 f., wo für den landwirthschaftlichen Gebrauch des Geräthes die Stelle des Didymos nachzutragen ist in den Geop. II 26, 6 χρὴ δὲ συντχὼς καταβρέχειν τὴν ἅλω ὑδρόρρῃ καὶ ἐπιλεαίνειν τῷ κυλίνδρῳ. Dem Überwundenen zur Seite steht der Sieger, welcher den grossen Palmzweig mit der Linken aufstützt, während die Rechte nach einem am Boden stehenden zweihenkligen Gefäss gesenkt ist. Was aus dessen Mündung hervorsieht, hat Formen, durch die man sonst etwa Flammen anzudeuten pflegt: was hier gemeint sei, bleibt mir dunkel. Sollte das Gefäss selbst ein Preisgefäss sein? Für Aufbewahrung des Staubes ist seine Form ungeeignet.

Die Arbeit scheint nicht vortrefflich gewesen zu sein, und würde der Annahme einer Entstehung in römischer Zeit nicht widersprechen. Wahrscheinlich hat die Basis ein auf einen gymnischen Sieg bezügliches Weihgeschenk getragen.

71. Relief einer Übergab-Urkunde der Schatzmeister der Athena. Die Inschrift ist herausgegeben von Pittakis Ephim. arch. no 3375; gefunden nach seiner Angabe 1838 am 1. Nov. a. St. εἰς τὸ δυτικὸν τοῦ Ἐρεχθείου; jetzt an der Westseite des Erechtheions aufgestellt.

Der Anfang einer entsprechenden Urkunde aus dem folgenden Jahre hat sich gleichfalls auf der Akropolis gefunden Ephim. arch. no 58; Rangabé no 555. Da die Publicationen beider Inschriften ungenügend sind, möge eine genaue Abschrift von beiden folgen:

A Ephim. no 3375. Archon Kalleas 377 v. Chr.

```
ΧΑΡΙΑΣΧΑΡΙΑΔΟΣΣΥΒΡΙΔΗΣΚΛΕΩΝΘΟΥΔΙΓ
ΣΤΟΦΩΝΝΑΥΣΛΕΟΣΑΑΚΙΑΔΗΣΦΙΛΙΝΟΣΓ
ΗΣΧΙΣΗΕΙΑΣΝΙΚΗΣΙΔΙΚΟΦΑΛΗΡΕΥΣΤΑ
ΙΔΡΟΣΗΡΧΕΝΤΙΜΩΝΤΙΜΟΚΡΑΤΟΣΚΥΘ
ΑΤΟΣΡΟΙΑΔΗΙΑΜΕΙΨΙΑΙΛΥΚΟΜΗΔ
ΟΡΚΕΩΣΔΕΚΕΛΕΙΕΙΟΙΣΛΥΘΙΑ
ΞΑΠΙΕΝΤΕΛΕ  ΤΑΤΗΝΣΤΗΑ
ΙΑΝΟΣ  ΙΓ
```

Z. 5 am Anf. Eph. PATO: Z. 6 am Ende ΟΙΑΣ: Z. 8 ΙΑΝΟΣ.

B Ephim. no 58; Rangabé no 555. Archon Charisandros 376 v. Chr.

```
ΡΧΟΝΤΟΣΤΙΜΩΝΤΙΜΟΚΡΑΤΟΣΚ
ΣΑΜΕΙΨΙΑΣ  ΘΟΡΙΚΙΟΣ
ΗΣΤΕΛΕΣΑΡΚΟΑΦΙΔΝΑΙΟΣΑ
ΠΕΙΣΙΟΚΗΤΤΙΟΣΕΓΡΑΜΜΑΤ
ΗΕΠΙΚΑΛΛΕΟΑΡΧΟΝΤΟΣΧΑΡΙ
ΦΗΝΙΟΡΑΤΡΟΚΛΕΟΣΡΑΣΙΚΛΕ
ΚΙΑΔΟΦΙΛΙΝΟΓΝΙΦΩΝΟΣΦ
ΗΣΙΔΙΚΟΦΑ
ΙΟΣ
```

Die Herstellung der Stücke ist dadurch erschwert, dass die Namen des Collegiums vom J. 376 nicht auf beiden in gleicher Reihenfolge gestanden zu haben scheinen: der Buchstabenrest am Anfang der zweiten Zeile von B kann nach meiner Abschrift und nach Prof. Köhlers auf erneute Untersuchung des Originals gegründeter Versicherung, nur von einem Y herrühren, welches die Tafel der Ephimeris auch fast unverstümmelt zeigt. Dann hat aber der vor Ameipsias stehende Beamte in B ein Demotikon auf υς gehabt, während das in A an der bezüglichen Stelle stehende Ἐρμεῖδης ist. Dass auch die Namen des vorhergehenden Collegiums in beiden Inschriften in verschiedener Reihenfolge genannt gewesen seien, finde ich anzunehmen keinen Grund. Die Zahl der Stellen jeder Zeile lässt sich für B mit grosser Wahrscheinlichkeit auf 33 berechnen, wofern man annimmt, dass der zu dem ersten Collegium gehörige Κλέων Θουδίππου Araphenier gewesen und dass in B am Anfang von Z. 6 ein Rest seines Demotikons stehe. Diese Annahme empfiehlt sich dadurch, dass wir einen Kleon, Thudippos' Sohn von Araphen aus dieser Zeit kennen, denselben, gegen welchen Isäus' neunte Rede gehalten ist, nicht lange nach 390 v. Chr. (Schömann zu Isäus S. 406). Ist nun weiter die Voraussetzung richtig, dass für das Collegium von 377 v. Chr. beide Steine dieselbe Abfolge der Namen festhielten, so würden für A die Zeilen zu ungefähr 73 Stellen (72—74 etwa) angenommen werden müssen, und die Inschrift etwa so zu lesen sein:

[...οἱ ἐπὶ Καλλέου ἄρχοντος Χαρίας Χαριάδου Συβρίδης, Κλέων Θουδίππου Ἀραφήνιος, Πατροκλῆς Πατροκλέους ca 10 Stellen Ἀριστοφῶν Ναυκλέους Ἀζηνιεύς, Φιλῖνος Γνίφωνος Φλυεύς, ca 31 Stellen ης, Νικησίας Νικησιδίκου Φαληρεύς τα ca 35 Stellen Χαρίσανδρος ἦρχεν Τίμων Τιμοκράτους Κυθηρρίος ca 40 Stellen] ράτου Ἑρμεῖδης, Ἀμειψίας Λυκομήδου Θορίκιος ungefähr 12 Stellen Τελεσάρχου Ἀφιδναῖος, ca 9 Stellen Δορκεὺς Δεκελειεὺς οἷς Εὔλιος Πιστίου Κήττιος ἐγραμμάτευε ca 7 Stellen ἐν τῷ νεῷ τῷ Ἑκατομπέδῳ ἐνταῦθα κατὰ τὴν στήλην..... Die Reste auf Z. 8 würden auf Γνίφωνος passen.

Es bleibt hier im Einzelnen Vieles unsicher; indess gestattet auch das Sichere einige wichtige Schlüsse. Dass die beiden Bruchstücke von Übergab-Urkunden herrühren, lehrt der Augenschein; dass sie auf den Parthenon sich beziehen, geht aus der sicheren Ergänzung der vorletzten Zeile in A hervor, welche ich Prof. Köhler verdanke. Ferner werden die Bruchstücke um so sicherer den Schatzmeistern der Athena zuzuweisen sein, als das Fragment vom Jahre 375 v. Chr. Rang. no 2337; Ephim. no 1612; von Velsen Bull. 1855 S. XVI), worauf mich gleichfalls Prof. Köhler aufmerksam machte, augenscheinlich nicht diesen, sondern den Schatzmeistern der anderen Götter gehörte. Dem gegenüber bleibt es nun räthselhaft, dass das Collegium nicht mehr als 6—7 Mitglieder gehabt zu haben scheint und dass diese, wie die Namen des Jahres 376 zeigen, nicht nach Stämmen, sondern beliebig gewählt und geordnet sind. Diese Abweichung von dem sonstigen Gebrauche dieser Epoche weiss ich nicht anders als durch die Annahme einer Änderung zu erklären, die vielleicht nicht von langer Dauer war. Vermuthlich hat dieselbe eben in dem Jahre des Kalleas Statt gefunden. Darauf weist erstlich der Umstand, dass in diesem Jahre die Behörde nicht genannt wird, von der die Schätze überkommen waren; sodann wird es wahrscheinlich durch das Relief: worüber zu no 51 gesprochen ist. Sollte vielleicht in dem Fragment eines augenscheinlich auf die Burgschätze bezüglichen Volksbeschlusses Rang. no 851 (wozu nach Köhler auch no 308 = 652 gehört) mit den Worten Z. 10

Καλλίου ἄρχοντος Bezug genommen werden auf eine unter diesem Archon getroffene Anordnung? Es wäre nicht unmöglich, dass dieselbe mit den wahrscheinlich ungefähr in dieser Zeit (vgl. Schäfer Dem. und seine Zeit I 317) ins Werk gesetzten Massregeln des Androtion zusammenhinge, dessen Name Rang. 851, 13 deutlich zu erkennen und nach Köhlers Vermuthung Rang. 508, 8 herzustellen ist (etwa καὶ τὸ Ἀνδροτίωνος ψήφισμα).

Über die Bedeutung der beiden Figuren des Reliefs, der sitzenden männlichen, mit kurzem Stab in der Linken, und der weiblichen, die sich mit eiligen Schritten von der ersten zu entfernen scheint, wage ich keine Vermuthung.

Der Name eines der Schatzmeister, Ἀμφίας Ἀναφλύστιος, scheint in einer Grabschrift bei Kumanudis Ἀττ. ἐπιγρ. ἐπιτ. no 579 (Ἀμφίας .... ου Φλυάσιος) wiederzukehren.

72. Reliefbruchstück, an der Südseite des Erechtheions aufgestellt; gefunden nach Pittakis 1859 am 27. Juni n. St. bei Ausgrabungen zwischen Erechtheion und Parthenon.

Auf dem unteren Rande des Reliefs sind Überbleibsel einer Inschrift mit nicht kleinen Buchstaben ΥΓ, ohne Zweifel ἐγραμμάτευε zu ergänzen, also Reste einer Ueberschrift nach Art von no 53. 59. Das Relief gehörte demnach zu einer öffentlichen Urkunde, wahrscheinlich einem Volksbeschluss. Die erhaltene Figur entzieht sich der Deutung.

Was auf dem Reliefgrunde und auf der unter no 72 A abgebildeten rechten Nebenseite von Buchstaben zu erkennen ist, habe ich im Hermes IV S. 291 ff. als die Namen von Pyloren erwiesen, die sich wahrscheinlich eigenhändig hier verewigten. Diese Inschriften sind, was mir damals entgangen war, schon in der Ephimeris no 3690. 3691 gedruckt.

73. Relief auf der senkrechten Vorderseite einer Basis von M. 0, 12 Tiefe; links und rechts vollständig. Aufgestellt unter den Propyläen.

Das Relief trägt ein unverkennbar alterthümliches Gepräge. die Contour sind scharf, fast senkrecht eingeschnitten; die von ihnen eingeschlossenen Flächen sind trotz guter Erhaltung fast völlig platt, ohne dass die Innenzeichnung plastisch angedeutet wäre. Man darf daraus wohl auf einstige Bemalung schliessen.

Die Darstellung nimmt sich aus wie eine kleine Wiederholung der unter dem Namen der wagenbesteigenden Frau bekannten. Auch hier bleibt es unentschieden, ob die Figur männlich oder weiblich sei. Ersteres ist wahrscheinlicher, zumal die Basis vermuthlich von einem Weihgeschenke eines panathenäischen Wagensiegers herrührt.

74. Reliefbruchstück, im Thurm der Winde aufbewahrt. Die Oberfläche ist sehr beschädigt.

Erkennbar ist Athena, bezeichnet durch die deutliche Ägis, aber wie es scheint ohne Helm. Ihre Linke war vielleicht auf die Hüfte gestemmt (vgl. no 88), die Rechte ist in einer Weise erhoben, dass man sieht, sie bekränzte den vor der Göttin stehenden Bewaffneten, von dem die linke Hand mit Schild und Speer erhalten ist. Wahrscheinlich ist hier wie bei einigen der folgenden Bruchstücke die Bekränzung eines Siegers zu erkennen.

75. Relief, jetzt in der Pinakothek, beschrieben von Schöll Arch. M. S. 62 no 12 (vgl. S. 88) abgebildet bei Le Bas Mon. fig. Tf. 41, 1 (danach Michaelis Parthenon Tf. XV 12). Besprochen von Pervanoglu Arch. Z. 1860 S. 24 no 3. Friederichs Bausteine no 399. Förster Ann. dell' Inst. 1870 S. 219. Ein Abguss im Berliner N. Museum no 300.

Auf dem unteren Rande sind die Buchstaben ΘΕΟΙ erhalten, darunter ein Kymation. Ohne Zweifel schloss sich hier eine Platte mit einer Inschrift an. Als ein Votivrelief im eigentlichen Sinne zum Dank für einen errungenen Sieg kann das vorliegende nicht angesehen werden; die Überschrift θεοί wäre dafür ohne Beispiel. Vielmehr hat es zu einem Decret gehört. Der dargestellte Vorgang ist schon von Friederichs erkannt. Ein Mann in der gewöhnlichen Tracht des Lebens wird von einer weiblichen und einer männlichen Figur, die beide in grösseren Proportionen gebildet sind, bekränzt; denn nur so lässt sich die Bewegung der beiden rechten Hände deuten. Die Scene geht in Gegenwart der Athena vor sich, die noch grösser erscheint als die beiden bekränzenden Figuren, und einen Kranz (der wol erst zusammenzulegen oder auf dem Kopf zusammenzubinden wäre) in Händen hält.

Da die Scene zur Decoration eines Decretes angebracht ist, so wird dieses ohne Zweifel die Verleihung eines Ehrenkranzes von Seiten Athens ausgesprochen haben, und die einfachste Erklärung des Ganzen wäre, dass der Geehrte unter den Augen der Stadtgöttin von Βουλή und Δῆμος den Kranz erhält, wie das Decret dazu von diesen beiden ausgehen musste.

Bei den abweichenden Erklärungsversuchen von Schöll und Förster ist die Bedeutung der verschiedenen Proportionen der Figuren verkannt und der Inschriftrest unberücksichtigt gelassen. Sehr verwandt ist das Relief Anc. Marbles in the Brit. Mus. IX 35, 4, vgl. ebda 36, 1 und unten no 96.

76. Reliefbruchstück in der Pinakothek. Abgebildet bei Le Bas Mon. fig. Tf. 38, 2; danach Michaelis Parthenon Tf. XV 16. Besprochen von Schöll Arch. M. S. 62 no 40 vgl. S. 85 f., Pervanoglu Arch. Anz. 1860 S. 24 no 5. Friederichs Bausteine no 398. Förster Ann. dell' Inst. 1870 S. 220. Ein Abguss im Berliner N. Museum no 300.

Auch dieses Relief hat, nach der Beschaffenheit des unteren Randes zu schliessen, zu einer grösseren Inschrift gehört. Die Darstellung ist deutlich: ein mit Panzer und Schild Bewaffneter wird in Gegenwart der Athena von einer jetzt verlorenen Figur bekränzt, die wie die Göttin in grösseren Proportionen als der Bekränzte gebildet war. Was der Bewaffnete in der Rechten gehalten habe, konnte ich auch auf dem Original nicht erkennen, vermuthlich ist es das Schwert in der Scheide.

Die Scene wird nach Analogie von no 83, wahrscheinlicher von no 75 zu deuten sein. An ein Votivrelief, durch das ein Sieger im Wettkampf der Göttin den Dank für den Siegeskranz darbringe, wie Friederichs wollte, ist schwerlich zu denken, weil, wie gesagt, unten eine Inschriftenplatte sich angeschlossen zu haben scheint.

77. Reliefbruchstück, jetzt in der Pinakothek. Abgebildet angeblich bei Le Bas Mon. fig. Tf. 18, 1 (diese Tafel mir unzugänglich). Ein Abguss im Berliner N. Museum no 299.

Unverkennbar ist Athena im Act der Bekränzung dargestellt. Vom Gewöhnlichen abweichend ist die sehr klein gebildete Ägis. Ähnlich, wenn auch nicht ganz so schmal, erscheint sie an dem Fragment der Athena aus dem Westgiebel des Parthenon, Ancient marbles in the Br. Mus. VI 16. Müller-Wieseler AD I 27, 121 I. Michaelis Parthenon Tf. 8 L.

78. Relief, gegenwärtig in der Pinakothek aufgestellt. Der untere Rand ist gebrochen; was unterhalb des Kymations ansetzte, scheint nicht blos ein Zapfen, sondern eine Platte gewesen zu sein; daher auch dieses schwerlich ein gewöhnliches Votivrelief ist, sondern wahrscheinlich von einem öffentlichen Decrete herrührt. Auf dem unmittelbar unterhalb der Figuren hinlaufenden Streifen glaubte ich schwache Buchstabenreste zu erkennen.

Die Darstellung an sich bedarf keiner Erläuterung. Der Reiter ist offenbar im Begriff, gegen den Eber einen Speer zu schleudern; da von diesem keine Spur zu erkennen ist, muss er von anderem Material angesetzt oder durch Farbe angedeutet gewesen sein.

79. Relief, gegenwärtig in der Pinakothek. Abgebildet Ephim. arch. no 162; Le Bas Mon. fig. Tf. 20, 1. Ein Abguss im Berliner N. Museum no 333.

Gefunden nach Pittakis εἰς τὰς πρὸς τὸ νότιον τοῦ Παρθενῶνος ἀρχαιολογικὰς ἀνασκαφὰς 1627 doch wol 1837. Derselbe giebt irrthümlich an, die Platte sei links gebrochen, vielmehr ist der Rand links und rechts erhalten. Das Relief war von einem Giebel mit Akroterion bekrönt. Unterhalb des Reliefs setzte sich die Platte fort und hier sind Reste eines Kranzes, wohl von Olivenblättern, erhalten. Auffällig ist die Stelle, wo derselbe angebracht ist: er steht weder in der Mitte, noch scheint rechts Raum für einen zweiten geblieben zu sein.

Dargestellt sind fünf Reiter, so jedoch, dass von einem nur ein Theil des Pferdes zu sehen ist; vier galoppiren in einer Reihe, der fünfte allein voran. Er ist mit einem gegürteten Chitoniskos bekleidet und trug einen Helm; die Kopfbedeckung der anderen scheint eine Kappe zu sein, wie sie nicht selten auf Monumenten vorkommt, so unten no 97 auf den Trophäen, ferner bei Theseus auf dem Votivrelief Mon. dell' Inst. IV 22 B = Ephim. no 370 = Arch. Z. 1845 Tf. 33 = Fröhner Inscr. gr. du Louvre p. 31 no 23, auf der ficoronischen Cista und häufig auf Vasen (vgl. den Kopf Anc. Marbles in the Brit. Mus. IX 10, 3). Bei der Kappe des Theseus hatte Curtius Arch. Z. a. a. O. S. 130 an die Schiffermütze gedacht, wogegen Le Bas Ann. dell' Inst. 1845 S. 216 mit Recht den deutlich erkennbaren abstehenden Rand geltend macht: sie ist sicher ein Waffenstück. Wie die Alten diese Kappe nannten, vermag ich nicht zu bestimmen. Dass es nicht, wie Pittakis annimmt, der πῖλος Θεσσαλικός sei, zeigt das Scholion zu Soph. OC. 313. 314 (danach Suid. ἡλιοστερὴς κυνῆ). Gegen den πῖλος Λακωνικός und Ἀρκαδικός spricht Arrian Tact. III 5. Beachtenswerth ist, dass die Kappe auf dem Parthenonfries nicht vorzukommen scheint.

Dass es sich in dem Relief um einen in einem ἱππικὸς ἀγών gewonnenen Sieg handele, wird durch die Reste eines Kranzes und den Mangel eigentlicher Bewaffnung bei den Reitern wahrscheinlich. Indess weiss ich damit die Anordnung der Reiter nicht zu vereinigen, von denen einer gewissermassen als Anführer ausgezeichnet ist (von Bötticher als Hipparch bezeichnet). Vielleicht gehört zu derselben Gattung das auf die Dioskuren gedeutete Relief Anc. Marbles in the Brit. Mus. II 11.

80. Fragmentirtes Relief in der Pinakothek, besprochen von Schöll Arch. Mitth. S. 64 no 45; Friederichs Bausteine no 406. Ein Abguss im Berliner N. Museum no 336.

Die Darstellung eines nach links anspringenden Rosses, dem eine kleine Nike mit einem Kranz in beiden Händen entgegenfliegt, erklärt sich von selbst. Ohne Zweifel ist ein ἵππος κέλης vorgestellt, der bei den Panathenäen den Sieg gewonnen hatte; zum Danke dafür mag der Eigenthümer dieses Relief auf der Burg geweiht haben. Ganz entsprechend ist ein Relief in London Anc. Marbles in the Brit. Mus. IX 35, 2, wo dem Wagenlenker einer Quadriga ebenso eine Nike zufliegt.

Dem Sinne nach verwandt ist es, wenn auf dem Decret zu Gunsten des Arybbas, mit Rücksicht auf die von ihm gewonnenen Wagensiege ein von einer Nike gelenktes Viergespann dargestellt ist (Ephim. arch. no 401 + 415; Schöll Arch. Mitth. S. 87; Curtius Inscr. att. duodecim no 4 + 5; Sauppe Inscr. mac. quattuor S. 17 ff.; Rang. no 388 und Tf. XIV; Le Bas Mon. fig. Tf. 40.

81. Relieffragment, beim Erechtheion gefunden: Pervanoglu Arch. Anz. 1867 S. 46* no 6; jetzt an der Westseite des Erechtheions aufgestellt. Ein Abguss im Berliner N. Museum no 297. Vgl. Förster Ann. dell' Inst. 1870 S. 220.

Man erkennt links Athena mit dem Helm, in steilsitzender Stellung, die Linke erhoben, als ob sie damit die Lanze aufstütze, die nicht im Relief ausgedrückt ist, also vermuthlich durch Farbe angedeutet war. Was am linken Schenkel der Göttin zum Vorschein kommt, ist wohl der Rand ihres Schildes. Die rechte Hand der Göttin war vorgestreckt, vermuthlich um die vor ihr stehende weibliche Figur zu bekränzen. Dieselbe erhebt die Rechte zu dem Gestus der Anbetung. Dass sie weiblich (nicht wie Pervanoglu und Förster annehmen, männlich) sei, zeigt die Kleidung und die Bildung der Brust. Neben und hinter ihr wird eine dritte weibliche Figur sichtbar, welche die Rechte gleichfalls erhebt, mit einer Bewegung, deren Sinn undeutlich bleibt; sie ist kleiner als Athena, grösser als die zweite Figur gebildet, vgl. no 75.

Da die adorirende Figur wegen ihrer Kleinheit für eine Sterbliche, schwerlich für eine weibliche Personification zu halten ist, so liegt am Nächsten der Gedanke an Bekränzung einer der Arrephoren: vgl. die Inschrift bei Rang. no 1127 und, aus römischer Zeit, den von Köhler Hermes IV 132 mitgetheilten Stein.

Für eine nahe verwandte Darstellung halte ich das attische Relief in Berlin (A. Z. 1857 Tf. 105), dessen Litteratur bei Michaelis Parthenon S. 279 no 7 verzeichnet ist. Die kleine Figur en face, welche dort vor Athena steht, ist bereits von E. Petersen als weiblich, der angebliche Stab in ihrer Linken als ein Schlüssel erkannt. Über ihr Geschlecht entscheidet die Kleidung, welche meines Wissens für männliche Figuren attischer Reliefs in dieser Zeit unerhört ist. Dagegen hatte Bötticher in seiner Erklärung Recht mit der von Anderen bestrittenen Behauptung, dass die kleine Figur selbst es sei, welche bekränzt wird: der Beweis dafür liegt darin, dass ihre Rechte zur Anbetung erhoben, sie selbst also vermuthlich Stifterin des Votivreliefs ist. Auch lehnt er gewiss mit Grund Petersens Folgerung ab, der hier eine sonst nirgends bezeugte Priesterin der Parthenos erkennt. Denn die Göttin, welche auf diesem und allen verwandten Reliefs erscheint, ist eben die Göttin und nicht ihre Statue (vgl. S. 22). Dass auch Bötticher dies verkennt, hat zu Folgerungen geführt, denen man unmöglich beipflichten kann. Das Ganze bezieht sich höchst wahrscheinlich auf die Bekränzung einer Priesterin der Polias.

82. Reliefbruchstück, gegenwärtig unter den Propyläen aufgestellt: vgl. Friederichs Bausteine S. 222 Anm.***.

Für die Deutung fehlt jeder bestimmte Anhalt: nur dass der Dreifuss das Bild eines Weihgeschenks sei, wird man aus seiner

Grösse schliessen dürfen, welche weder an wirklichen Gebrauch noch an ein Attribut einer Gottheit zu denken erlaubt, vgl. zu no 63. Der davor stehende Mann scheint bärtig zu sein. Was die gerade Linie, die von seiner rechten Hand herabgeht, bedeute, ist ungewiss; man könnte an einen starken Stab, etwa nach Art des Schlangenstabes denken, den Asklepios zu führen pflegt. Kekulé erinnert an den sog. Hesiod der Apotheose Homers.

83. Reliefbruchstück, jetzt im Häuschen hinter dem Erechtheion aufbewahrt.

Der ursprüngliche Rand ist nur links und unten erhalten. Man sieht Athena mit erhobener Linken, welche ohne Zweifel die Lanze aufstützt, und mit gesenkter Rechten, augenscheinlich um Etwas zu empfangen, das eine sehr viel kleinere männliche Figur, von der nur der rechte Arm erhalten ist, ihr reichte. Als ein blosses Handgeben lässt sich die Bewegung nicht auffassen. Die Grösse des Reliefs und der Umstand, dass der untere Rand glatt abschneidet, zeigen, dass es nicht zu einem Decret gehört hat; es ist wol ein einfaches Votivrelief gewesen.

Das Bruchstück ist besonders stilistisch interessant, indem es den Übergang von der alterthümlichen Strenge zur Freiheit überall verräth. Dieses und das folgende Bruchstück sind die ältesten Reliefdarstellungen der Göttin, welche, so viel ich weiss, auf der Burg zu Tage gekommen sind. Nachhilfe durch Malerei wird gewiss auch hier vorauszusetzen sein, zumal die Lanze der Göttin im Relief gar nicht angedeutet ist.

84. Reliefbruchstück, jetzt im Häuschen am Erechtheion aufbewahrt. Gefunden 1863. Vgl. Pervanoglu Bull. 1861 p. 87; Arch. Anz. 1865 S. 22*. Heydemann Arch. Z. 1869 S. 111, wo als Zeit des Fundes, vielleicht in Folge eines Druckfehlers, 1853 angegeben ist.

In sehr flachem Relief und entschieden alterthümlichem Stil (vgl. zu no 83), ist Athena in voller Rüstung dargestellt, weit ausschreitend und in der Rechten die Lanze schwingend, welche nur in Farbe dargestellt gewesen zu sein scheint. Das Loch, links vom Haupte der Göttin, ist sorgfältig gebohrt, und hat wohl gedient, um das Relief mittels eines Metallstiftes zu befestigen. In den Haaren sind Spuren röthlicher Farbe (vielleicht von der Unterlage verlorener Vergoldung) erhalten, die auch Pervanoglu bemerkt hat.

Auch dieses Bruchstück wird man am Ehesten auf ein Votivrelief deuten dürfen. Die Darstellung der Göttin hat die grösste Ähnlichkeit mit der auf den panathenäischen Preisamphoren. Wird auf diesen Gefässen mit Recht eine genaue Nachbildung des alten Schnitzbildes der Athena Polias angenommen (s. oben S. 12), so müsste das Gleiche von diesem Relief gelten. Wenn Heydemann die Göttin als die Gigantophonos deuten will, so ist eine gewisse Berechtigung dazu hier so wenig wie bei jeder zum Kampf ausliegenden Athena zu leugnen. Der Künstler dieses Reliefs aber wird daran wol so wenig wie die Maler der erwähnten Gefässe gedacht haben.

85. Votivrelief, in der sogenannten Cisterne aufbewahrt. Die Zeit der Auffindung ist unbekannt. Abgebildet Arch. Anz. 1865 Hilfstafel zu S. 89* Fig. 1 mit Pervanoglu's Bemerkungen; danach wiederholt bei Michaelis Parthenon Tf. XV 10 S. 280, besprochen von Friederichs Bausteine no 108. Ein Abguss im Berliner N. Museum no 293.

Die Darstellung erklärt sich von selbst. An Athena ist bemerkenswerth, dass ihr nicht wie Pervanoglu angiebt, die Ägis fehlt: eine Andeutung des Gorgoneion auf ihrer Brust ist unverkennbar. Die Nike auf ihrer Hand wandt die Hände dem Adoranten zu. Gewiss richtig vermuthet Friederichs in ihren Händen einen Kranz oder eine Tänie, welcher sehr wohl in Farbe dargestellt gewesen sein kann. In der Figur hinter der Göttin erkannte schon Friederichs den Schildträger des Adoranten, wie er auf attischen Grabreliefs nicht selten dem Herrn folgt, z. B. Anc. Marbles in the Brit. Mus. IX 31, 3. 33, 3. Wir dürfen deshalb voraussetzen, dass sich die Weihung auf eine Waffenthat oder dergl., schwerlich auf einen Wettkampf, wie Friederichs annimmt, bezog, etwa in dem Sinne der Weihung des Lysimachos Rang no 1008. Übrigens kann auch dieses Relief sehr wohl zu einem Decret der Art wie no 93 gehört haben, da die Beschaffenheit des unteren Randes die Annahme erlaubt, dass hier eine grössere Platte abgebrochen sei.

86. Reliefbruchstück gegenwärtig in der Pinakothek. Am unteren Rande sind Reste eines Kymation erhalten, welche darauf deuten, dass dort eine Inschriftenplatte weggebrochen sei. Das Relief selbst ist stark beschädigt, so dass über die Einzelheiten kein sicheres Urtheil mehr möglich ist.

Eine Göttin in gegürtetem Chiton und einem Gewand, das von den Schultern den Rücken hinabzufallen scheint, steht neben einem einfachen Altar. Die erhobene Rechte scheint ein kleines Figürchen oder ein Geräth getragen zu haben. Vor dem Altar, der Göttin zugewandt, steht ein Sterblicher, der die Rechte zur Anbetung erhebt. So lange nicht die Auffindung einer verwandten Darstellung Licht bringt, wage ich keine Vermuthung über die Deutung der vorliegenden auszusprechen.

87. Votivrelief, im Häuschen am Erechtheion aufbewahrt; erwähnt von Kekulé Bull. 1868 S. 50. Das Ganze war oben von einem Giebel mit Akroterien bekrönt und an den Seiten von sehr schmalen Anten abgeschlossen, die nach oben convergirten.

Erhalten ist ein Mann in schreitender Stellung mit einem kleinen Knäbchen vor sich; ihm gegenüber ist von der Göttin, der er sich nahte, nur die Hand übrig, auf welcher eine kleine Eule sitzt, und oben ein Rest von der Crista ihres Helmes. Die Grösse dieser Hand und ihre Stellung machen wahrscheinlich, dass die Göttin sitzend vorgestellt war, obgleich dann auffällig bleibt, dass unten nicht von ihren Füssen wenigstens ein Rest sichtbar wird.

Bemerkenswerth ist, dass der Adorant unverkennbar Portraitzüge trägt, eine in diesen Reliefs vereinzelt dastehende Erscheinung. Auf dem Marmor sind zahlreiche Reste von Bemalung erhalten: der Reliefgrund erscheint gelblich grün, das Gewand des Mannes röthlich weiss, sein Haar braun. Im Giebel sind Spuren von rother Färbung.

Wir wissen aus dem Schol. Arist. Vög. 515, dass τῆς Ἀρχηγέτιδος Ἀθηνᾶς τὸ ἄγαλμα γλαῦκα εἶχεν ἐν τῇ χειρί cfr. Böckh zu CIG. 177. Es ist möglich, dass das vorliegende Relief an die Göttin unter dem gleichen Beinamen sich richtete, um so mehr, als eine Anrufung derselben als Archegetis aus einer beim Erechtheion gefundenen Inschrift (CIG. 666 S. 916) bekannt ist. Indess hat Wieseler in Müllers AD II zu no 219 nachgewiesen, dass unmöglich alle Darstellungen der Athena mit der Eule auf der Hand auf die Archegetis gedeutet werden können, vgl. Stephani C. R. 1867 S. 159 f., und unten no 137.

88. Reliefbruchstück, gegenwärtig in der Sammlung der archäologischen Gesellschaft.

Von den zwei Figuren, von denen Theile erhalten sind, ist die eine, stehende, als Athena kenntlich. Sie scheint en face dargestellt gewesen zu sein, die Rechte in die Hüfte gestemmt, die Linke vielleicht auf die Lanze gestützt; doch lässt sich das nicht mehr sicher erkennen. Die bärtige Figur neben ihr, welche auf einem Sessel mit Rücklehne sitzt und die Linke erhebt, als stütze sie ein Scepter auf, wird man für Zeus nehmen dürfen, vgl. no 105. Das Scepter muss durch Farbe angedeutet gewesen sein.

89. Reliefbruchstück, jetzt in der Pinakothek.

Athena aufrecht stehend, en face. Bemerkenswerth ist, dass die Göttin ausser dem Chiton ein den Rücken hinabfallendes Gewand trug.

90. Ähnliches Reliefbruchstück, ebenda.

Auffällig ist der Umstand, dass der linke Unterarm stark über das Niveau des übrigen Reliefs vorgesprungen und vom Grund gelöst gewesen ist: er war, wie ein kleines rundes Loch zeigt, mittels eines Stiftes angesetzt. Ich kenne kein zweites Beispiel eines solchen Verfahrens bei einem im Übrigen sehr flach gehaltenen Relief.

91. Reliefbruchstück, jetzt in der Pinakothek. Abgebildet bei Le Bas Mon. fig. Tf. 35, 1; beschrieben von Schöll Arch. Mitth. S. 59 no 33. Ein Abguss im Berliner N. Museum no 337. Vermuthlich ist dieses das Relief, welches Panofka Arch. Z. 1845 S. 15 nach einem Abguss in Paris beschreibt: 'Athena auf einem Fels sitzend, den Helm auf dem Schoosse, eine Lanze daneben.' Von letzterer konnte ich freilich auf dem Original nichts bemerken. Erwähnt auch von Heydemann A. Z. 1869 S. 114. Ross Arch. Aufs. I S. 123 berichtet von dem am Erechtheion erfolgten Fund eines kleinen sehr flachen Reliefs von alterthümlichem Stil und guter Erhaltung: 'Athena sitzend und den Helm in der Hand haltend.' Diese Beschreibung passt weder auf das in Rede stehende Relief, noch auf no 52 genau; wenn nicht ein Versehen von Ross vorliegt, muss das von ihm genannte Relief verloren gegangen sein oder irgendwo versteckt liegen.

Athena erscheint, auf einem Felsen sitzend, ohne die Ägis, den Helm auf den Knieen. Schon Heydemann hat darauf hingewiesen, dass letzterer Umstand an einem Fragment der Nikebalustrade wiederkehrt. Kekulé Die Balustr. des T. der Athena-Nike Tf. I Fig. A. Hier aber ist die übrige Anordnung der Figur sehr verschieden: die Rechte war hoch erhoben und scheint eine Lanze aufgestützt zu haben. Die Linke war vorgestreckt, ohne dass sich der Sinn der Bewegung feststellen liesse. In der auf den linken Oberarm der Göttin treffenden, unterhalb desselben fortgesetzten Linie hat Kekulé sehr glücklich den Contur des Flügels einer vor Athena stehenden Nike erkannt, von der ausserdem die herabhängende rechte Hand erhalten ist.

92. Reliefbruchstück, jetzt im Häuschen am Erechtheion. Athena sitzt auf einem in seinem unteren Theile cannelirten Würfel: sie selbst führt Ägis und Lanze, der Helm liegt am Boden neben dem Sitz.

93. Relief von einem Proxeniedecret. Die Platte war im vorigen Jahrhundert über der Erde: nach einer damals von Pococke genommenen Abschrift steht die Inschrift im CIG. 91. Im J. 1867 wurde sie bei Ausgrabungen am Denkmal des Lysikrates wiedergefunden, wo sie im Winter 1867/68 noch stand. Die Inschrift ist sehr genau publicirt von Kumanudis Παλιγγενεσία vom 10. Febr. 1867; danach Arch. Anz. 1867 S. 47* ff. 109* ff.; behandelt auch von Sauppe Nachrichten von der Gött. Ges. d. W. 1867 S. 151 ff. Eine schlechte Abbildung im Arch. Anz. 1867 S. 47*, wiederholt bei Michaelis Parthenon Tf. XV, 8, S. 250. Ein Abguss im Berliner N. Museum no 292.

Die Inschrift lautet nach Sauppe's in Allem, worauf es für das Relief ankommt, sicherer Ergänzung.

Προξενία καὶ εὐεργεσία Φιλίσκῳ Λύκου, αὐτῷ καὶ ἐκγόνοις, Σηστίοις.

Ἐπὶ Καλλιστράτου ἄρχοντος ἐπὶ τῆς Ἀκαμαντίδος ..... ης πρυτανευούσης ἧ ... δης Σωκλέους ἐξ Οἴου ἐγραμμάτευεν· τῶν προέδρων ἐπεψήφιζεν .... Κορυδαλλεύς· Ἔδοξεν τῷ δήμῳ ..... λέξης εἶπεν. Ἐπειδὴ Φιλίσκος ἀνὴρ ἀγαθὸς ἐγένετο περὶ τὸν δῆμον τὸν Ἀθηναίων μηνύσας τὸ .... ον, ἐψηφίσθαι τῷ δήμῳ πρόξενον εἶναι καὶ εὐεργέτην τοῦ Ἀθηναίων δήμου καὶ αὐτὸν καὶ ἐκγόνους. Ἀναγράψαι δὲ τόδε τὸ ψήφισμα τὸν γραμματέα τῆς βουλῆς ἐν στήλῃ λιθίνῃ καὶ καταθεῖναι ἐν τῇ ἀκροπόλει δέκα ἡμερῶν, εἰς δὲ τὴν ἀναγραφὴν δοῦναι τὸν ταμίαν τοῦ δήμου ΔΔ δραχμὰς ἐκ τῶν κατὰ ψηφίσματα ἀναλισκομένων. Ἐπαινέσαι δὲ Φιλίσκον καὶ καλέσαι ἐπὶ ξένια εἰς τὸ πρυτανεῖον εἰς αὔριον. Ἐπιμελεῖσθαι δὲ Φιλίσκου τὸν λιμενόφρουρον τὸν Ἀθηναίων ἐν Ἑλλησπόντῳ καὶ τοὺς ἄρχοντας τοὺς ἐν Ἑλλησπόντῳ, ἐνταῦθα δὲ τὴν βουλὴν τὴν ἀεὶ βουλεύουσαν καὶ τοὺς στρατηγοὺς ὅπως κ....

Die Schrift gehört in dasselbe Jahr mit dem anderen Proxeniedecret CIG. 90 jetzt in Palermo, nämlich 355 v. Chr., und betrifft die Ertheilung der Proxenie an einen Sestier Philiskos und seine Nachkommen, zum Dank für einen an Athen geleisteten Dienst. Derselbe hat in der Überbringung einer Botschaft bestanden (μηνύσας τ.....). Da Sestos damals in der Gewalt des Königs Kotys von Thrakien war und Athen feindlich gegenüberstand, so scheint Philiskos zu der dortigen athenischen Partei gehört und den Athenern ein ihnen wichtiges Ereigniss verrathen zu haben. Sauppe, der diess alles bereits dargelegt hat, ergänzt vermuthungsweise μηνύσας τὸν τῶν Βυζαντίων στόλον. Auch hat Kumanudis in der Reiterfigur des Reliefs gewiss richtig den Philiskos erkannt, wie er die erwähnte Botschaft bringt. Derselbe Philiskos ohne Zweifel ist es, der auf der anderen Seite in anbetender Stellung vor Athena erscheint, die mit Helm, Schild und Schlange und mit der Nike auf der Rechten dargestellt ist. Die Nike hält einen Kranz in Händen.

Über die für Anfertigung der Inschrift angewiesene Summe s. S. 18, 19.

94. Reliefbruchstück, in der Sammlung der archäologischen Gesellschaft; beschrieben von Pervanoglu Arch. Anz. 1860 S. 110*. Erhalten ist vom Ganzen, wie der das Relief bekrönende Giebel zeigt, gewiss nicht mehr, vielleicht weniger als die Hälfte.

Man sieht Athena mit Helm, Ägis und Lanze und einen anbetenden Sterblichen ihr gegenüber, dem vermuthlich mehrere andere folgten. Hinter der Göttin steht, in gleicher Grösse mit ihr, die Figur der Bule, kenntlich durch die Beischrift ΒΟΛΗ. Sie trägt doppeltes Gewand; das obere ist über den Hinterkopf gezogen und giebt ihr einen matronalen Charakter.

Über derartige Personificationen in der alten Kunst s. die belehrende Zusammenstellung von Westermann Acta soc. graecae I S. 161—169; vgl. Osann zu Stuart u. Revett II S. 64 ff. Darmst. Wahrscheinlich ist hieher zu rechnen auch das attische Relief Ephim. arch. no 298; Schöll Arch. M. S. 63 no 11; Arch. Z. 1845 Tf. 33 S. 129; Le Bas Mon. fig. Tf. 37, 1, wo einer sitzenden männlichen Figur beigeschrieben ist ..ΗΜΟΣ, was schon Pittakis und Stephani Ball. 1845 S. 13; A. Z. 1845 S. 76, zweifelnd auch Schöll für Δῆμος erklärten.

95. Relief, jetzt in der Pinakothek. Abgebildet ungenau Arch. Z. 1870 Tf. 30, 2 mit Pervanoglu's Bemerkungen S. 41 f.; besprochen von Schöll Arch. M. S. 61 no 38; Friederichs Bausteine no 401. Ein Abguss im Berliner N. Museum no 305.

Das Relief ist unten und an der linken Seite gebrochen, wo es gewiss ebenso wie rechts durch einen Pilaster abgeschlossen war. Die ganze Oberfläche hat sehr gelitten.

Athena erscheint, mit Helm und Schild, vielleicht mit Ägis, in sehr bewegter Stellung, stark nach links ausschreitend. Den Kopf wandte sie zurück, in der Rechten trägt sie einen Stab, dessen oberes Ende für eine Lanze zu stark ist; daher Schöll frageweise, Pervanoglu sehr bestimmt eine Fackel darin erkennt. Mir scheint das untere Ende dafür zu dünn, und das Ganze so beschädigt, dass ein sicherer Entscheid unmöglich ist. Liesse sich ein Thyrsos für Athena belegen, so würde, was erhalten ist, eher dafür als für eine Fackel gehalten werden können. Links neben der Göttin steht eine männliche anbetende Figur, welche in der Pervanoglu'schen Abbildung besonders unglücklich wiedergegeben ist. Der Architrav, der das Relief oben abschliesst, trug eine Inschrift, von der noch ..ΜΑΝΘΥΟΣ erhalten ist. Weiter nach links zeigen sich nur undeutliche Reste von Buchstaben. Ich wüsste keine andere Ergänzung als [Ῥόδ]ος? ... , was ich aber nicht zu deuten vermag. Denn die Annahme einer Übertragung dieses Namens auf einen Sterblichen (vgl. Keil Spec. onomatologi gr. S. 10 ff. 22 ff., Anal. epigr. et onomatol. S. 94 ff.) ist für die Mitte des vierten Jahrhunderts, der das Relief zuzuweisen sein wird, nicht ohne Bedenken.

Die grosse Ähnlichkeit der Athena mit einer Statue des capitolinischen Museums (am Besten Ann. 1864 tav. Q) hat Friederichs hervorgehoben. Wenn dieselbe von Flasch (Bull. 1871 S. 66, wo tav. d'agg. X Druckfehler sein muss) für eine Copie der Athena Kranaia von Timokles und Timarchides (Paus. X 34, 8) erklärt wird, so steht die Begründung dieser Vermuthung erst zu erwarten. Pervanoglu's Behauptung, dass Athena Hephaistia dargestellt sei, ist völlig unerwiesen; das ganze Relief mit den Fackelläufen (d. i. doch wohl denen, welche zu den grossen Panathenaeen gehörten) in Zusammenhang zu bringen, ist sehr gewagt: sollte man die Göttin als Fackelläuferin dargestellt haben? und mit einer Fackel, welche mit den für diese Spiele gebrauchten (Böckh Staatsh. I[2] 612 f.) nicht die geringste Ähnlichkeit hätte?

Die athenischen Münzen (Beulé Monn. d'Ath. S. 390), welche P. hieher zieht, haben mit dem in Rede stehenden Relief schlechterdings nichts zu thun. Bötticher deutet die Athena mit aufrecht gehaltener Fackel als 'streitentzündende Pyrphoros.'

96. Relieffragment, jetzt unter den Propyläen aufgestellt. Abgebildet bei Rang. Tf. VIII no 262 Le Bas Mon fig. Tf. 38, 1, danach Michaelis Parthenon Tf. XV 13 S. 280, die Inschrift auch Ephim. arch. no 2205. Besprochen von Schöll Arch. M. S. 53 no 29; Pervanoglu A. Z. 1860 S. 25 no 15; Friederichs Bausteine no 409. Ein Abguss im Berliner N. Museum no 295.

Obgleich das Bruchstück sehr beschädigt ist, bleibt der Gegenstand deutlich erkennbar: Athena, mit Schild und Schlange, bekränzt einen vor ihr stehenden Sterblichen, der die Rechte anbetend erhebt.

Von einer unterhalb des Reliefs angebrachten Inschrift aus voreuklidischer Zeit sind noch Reste zweier Zeilen erhalten, der Grösse der Buchstaben nach zu schliessen, von einer Überschrift, der in kleineren Buchstaben ein Decret gefolgt sein wird. Wahrscheinlich ist zu lesen ...ευεργέτου[ς] τοῦ ..... δήμου Κολοφωνίων, wobei man zunächst an einen Volksbeschluss zu Gunsten eines Kolophoniers denkt. Von einem solchen Decret aus ungefähr derselben Zeit ist später ein Fragment gefunden (Ephim. arch. 1862 no 117), wie es scheint am Nordostfuss der Akropolis. Ob es etwa zu unserem Stein gehören könnte, vermag ich nicht zu entscheiden; der Annahme, dass es von der Burg stammte, stünde der Fundort nicht im Wege. Über das Verhältniss Athens zu Kolophon in der Zeit vor und während des peloponnesischen Krieges s. Böckh Staatsh. II[2] 699; Köhler Urkunden u. Unters. zur Gesch. des del.-att. Bundes S. 136 f.

97. Obere Hälfte einer kleinen Marmorbasis, jetzt am Fuss der WFront des Parthenon aufgestellt. Gefunden südwestlich vom Parthenon (Köhler Bull. 1868 S. 101; Pervanoglu ebda S. 130; vgl. Arch. Anz. 1866 S. 168*).

Das Relief der Vorderseite nimmt auf der Abbildung die Mitte ein: ein Krieger mit Helm, Schild, Lanze, Panzer und Schwertgehäng steht neben einem Tropaion, an dem man das Untergewand der Soldaten, ein Obergewand, einen Schild und eine spitze Kappe (s. no 79) unterscheidet. Auf der rechten Nebenseite erscheint ein ähnliches Tropaion, an welchem das Untergewand durch einen Panzer ersetzt ist; neben und z. Th. vor demselben steht eine Nike, welche mit der auffällig klein gebildeten rechten Hand ein Gewand (schwerlich eine Tänie) erhebt, um es noch an dem Tropaion anzubringen. Sie ist mit einem gegürteten Chiton bekleidet und trägt Ohrschmuck. Dieselbe Composition scheint auf der linken Nebenseite ungefähr symmetrisch wiederholt gewesen zu sein.

Die Darstellung wird ähnlich zu deuten sein wie die eines Londoner Reliefs (Anc. Marbles in the Br. M. II 11. Jahn De antiquissimis Minervae simulacris Atticis Tf. III 1; CIG. 1936), wo zu einem Tropaion von der einen Seite ein Krieger mit seinem Pferd, von der anderen eine in eine Schale einschenkende weibliche Figur herantritt; vgl. Jahn a. a. O. S. 23.

Die drei Tropaien sind augenscheinlich gedacht als mit Hilfe von Baumstämmen, welche einen Ast hatten, errichtet; vgl. Diodor XIII 24, 5 οἱ δὲ ... ἐν ... ἐπὶ ... τροπαίων. Dass die spitze Kappe für die Tropaia gewählt ist, deutet vielleicht die Waffengattung an, über welche der Sieg, um den es sich handelt, erfochten war. Herr Director Friedländer macht mich darauf aufmerksam, dass ganz dieselbe Gestalt des Tropaions auf den Münzen des Agathokles wiederkehrt: auch dort ist der Schild regelmässig an der Seite angebracht, welche die linke Schulter vertritt.

98. Relieffragment, in der Pinakothek aufgestellt. Das Bruchstück, welches oben Reste eines Kymation hat, ist sehr beschädigt. Man erkennt eine jugendlich weibliche Figur; das Geräth, welches sie in der Linken trägt, kann kaum etwas Anderes sein, als ein zur Errichtung eines Tropaions bestimmten Gestell. Eine etwas abweichende Form hat das von Friedländer für ein Tropaiongestell erklärte Geräth in der Hand einer geflügelten Figur auf Münzen Alexanders u. A. verzeichnet bei Imhoof-Blumer Die Flügelgestalten der Athena und Nike auf Münzen S. 28. 30 des Separatabdr.

99. Reliefbruchstück, jetzt im Theseion aufgestellt. Beschrieben von Kekulé Die ant. Bildw. im Theseion zu Athen no 211, der als Fundort den Peloponnes angiebt. Dargestellt ist eine an einem Tropaion beschäftigte Nike, von deren Flügeln nur schwache Reste erhalten sind. 'Mit der erhobenen L.', sagt K. a. a. O., 'scheint sie einen Nagel an dem Tropaion befestigen zu wollen; die gesenkte R. hielt vermuthlich den Hammer.' Man darf sie sich wol nach Art der Gruppe auf den zu no 98 erwähnten Münzen des Agathokles vorstellen.

100. Kleine Basis, jetzt an der NOEcke des Parthenon aufgestellt; gefunden bei den Ausgrabungen im Odeion des Herodes Atticus 1857/58.

Abgebildet Arch. Anz. 1865 Hilfstafel zu S. 99* Fig. 2 mit Pervanoglu's Bemerkungen. Besprochen von Schillbach Über das Theater des Herodes Atticus S. 26.

Die Basis ist mitten durch gebrochen. Auf zwei an einander grenzenden Seitenflächen sind Reliefs erhalten, die dritte ist glatt. Vermuthlich bildete diese die Rückseite und war die verloren gegangene Seite ebenfalls mit einem Relief geschmückt. Auf der oberen horizontalen Fläche sind Löcher eingearbeitet, so wie es die Hilfsfigur 100 A zeigt. Augenscheinlich sind das Löcher für Dübel, mittels deren das, was die Basis trug, befestigt war.

Das vollständig erhaltene Relief, welches die rechte Nebenseite der Basis einnahm, zeigt einen auf einem Felsblock sitzenden Mann, der im Begriff scheint, einen Kranz auf einen vor ihm angelehnten Schild zu legen. Der Oberkörper dieser Figur ist durch ein augenfälliges Versehen wesentlich zu kurz gerathen.

Das nur zur Hälfte erhaltene Relief, das sich links anschliesst und ursprünglich die Vorderseite der Basis einnahm, zeigt Reste einer weiblichen Figur, die auf einem Stuhle sass. Auf ihrer erhobenen linken Hand sitzt, den Kopf nach ihr umgewandt, ein Vogel mit halbgeöffneten Flügeln. Was für ein Vogel es war, ist nicht mehr sicher zu bestimmen; gewiss ist, dass es keine Eule war.

So viel ich sehe, reicht das Vorhandene nicht hin zu einer sicheren Erklärung; Pervanoglu's Annahmen sind ganz haltlos. Der Stil des Werkes zeigt, dass es keinesfalls der Epoche des Gebäudes, bei dem es gefunden ist, angehört; es ist schwerlich jünger als das vierte Jahrhundert.

101. Relieffragment, gegenwärtig in der Sammlung der archäologischen Gesellschaft; es soll in der unteren Stadt gefunden sein.

Erhalten sind nur zwei Köpfe: rechts unverkennbar Poseidon, bärtig, in alterthümlicher Haartracht (s. Conze Nuove Memorie dell' Inst. S. 409 ff.), mit dem Dreizack, den er in der Linken hielt, während die Rechte vorgestreckt war, wie die Linie der Schulter zeigt. Ihm gegenüber ist ein Überbleibsel eines weiblichen Kopfes mit Stephane, und davor das obere Ende eines Skeptron, welches die Göttin vermuthlich mit der Linken aufstützte. In Bezug auf die Handlung der beiden Figuren scheint mir die nächstliegende Vermuthung, dass sie sich die Hände reichten. Welche Göttin gemeint war, ist nicht mehr zu ermitteln.

Das Relief zeigt eine die alterthümlichen Formen absichtlich beibehaltende oder nachahmende Arbeit, etwa wie das zweite der von Conze a. a. O. Tf. XIII veröffentlichten Bruchstücke. Die in den oberen Rand eingegrabene bogenförmige und senkrechte Linie schien mir mittelalterlich oder modern zu sein.

102. Reliefbruchstück, gegenwärtig im Theseion, nach Pittakis 1838 in Athen gefunden. Abgebildet bei Le Bas Mon. fig. Tf. 53 (diese Tafel mir unzugänglich); beschrieben von Kekulé Die antiken Bildwerke im Theseion zu Athen no 209. Ein Abguss im Berliner N. Museum no 313. Bötticher giebt als Aufbewahrungsort fälschlich die Propyläen an. Woher seine Nachricht stammt, dass das Relief vor dem Eingange zu den Propyläen gefunden sei, weiss ich nicht. — Die Oberfläche ist sehr beschädigt, daher manches Einzelne wie im Original so auf der Abbildung undeutlich erscheinen muss.

Die Hauptperson ist die männliche, anscheinend bärtige Figur, welche auf einem Klappstuhl sitzt und eine Schlange zur Seite hat, jedenfalls Asklepios. Die Rechte scheint den Kopf der Schlange zu berühren; der linke Unterarm war erhoben, wol um einen Stab aufzustützen. Links von ihm stehen zwei Jünglinge, jeder mit Chlamys bekleidet und auf einen Stab gestützt. Was zwischen den Beinen des links stehenden zu sehen ist, nahm K. für ein nacktes menschliches Bein. Ich halte es vielmehr für ein nicht geschickt und nicht an der rechten Stelle ausgearbeitetes Hinterbein des unten zu erwähnenden Thieres. Zwischen den Jünglingen im Grund steht eine nach links gewendete weibliche Figur, welche die unter dem Gewand verborgene Rechte nach dem Kinn erhebt. Zwischen Asklepios und dem unmittelbar hinter ihm stehenden Jüngling kommen Reste einer anderen, nach rechts gewendeten weiblichen (?) Figur zum Vorschein. Von einer dritten ist nur der rechte Fuss und der unterste Theil des Gewandes rechts neben dem rechten Fuss des Asklepios zu sehen. Endlich ist hinter dem Stuhl des Asklepios der zur Erde geneigte Kopf eines Thieres erhalten, welches Kekulé für ein Schwein hielt. Mir scheint die Form des Kopfes und besonders seine Wendung einen Hund anzudeuten. Dieser Ansicht pflichtet nach erneuter Untersuchung des Originales Prof. Köhler bei und bemerkt, dass das oben erwähnte Bein 'sicher einem Thiere, also dem Hunde angehört, wenn derselbe auf diese Weise auch etwas lang ausgefallen ist; auch der hoch getragene Schwanz des Hundes ist angedeutet.' Von diesem Sachverhalt habe ich mich nochmals vor dem Berliner Abguss überzeugt. Ein Hund hatte den von der Mutter ausgesetzten Asklepiosknaben bewacht (Paus. II 26, 4) und wohl auf Grund dieser Sage hatte einen Hund auch die Goldelfenbeinstatue des Asklepios zu Epidauros neben sich, Paus. II 27, 2; vgl. die Silbermünze von Epidauros, die Friedländer Berl. Blätter für Münzkunde III 25 Tf. XXX 3 und Arch. Z. 1869 S. 98 Tf. 23, 8 publicirt hat. Bei der nahen Beziehung des Dienstes von Epidauros zu dem von Athen (Paus. II 26, 8) ist die Wiederkehr des Hundes auf attischen Asklepiosmonumenten nicht auffällig. Ein Hund ist vielleicht auch in dem Thiere auf einem Reliefbruchstück des Mus. Worsl. Tf. III 2 zu erkennen; er steht vor dem Sitze eines bärtigen Mannes, der recht wohl Asklepios sein kann.

Da die Figuren in A.'s Umgebung mit dem Gott ungefähr gleiche Grösse haben, wird man sie nicht für Sterbliche halten dürfen. Die Jünglinge sind vielleicht seine Söhne Machaon und Podaleirios, deren Statuen mit ihm in seinem Tempel zu Messene aufgestellt waren, Paus. IV 31, 10. Auch in den Gemälden am T. der Messene waren sie mit ihrem Vater dargestellt Paus. IV 31, 12. Im attischen Asklepiosdienste vermag ich sie freilich nicht nachzuweisen. Es ist mir aber wahrscheinlich, dass auch auf dem Asklepiosrelief Mon. Ann. e Bull. dell' Inst. 1855 Tf. XVII S. 63, das aus Griechenland stammt, die Figur links neben dem Gott für einen der Söhne zu erklären sei.

Die weiblichen Figuren sind vermuthlich aus dem gleichen Kreise gewählt: bei der dem Asklepios zunächst stehenden dachte auch Kekulé an Hygieia. Ein Bild von Nikophanes, welches den Gott mit seinen Töchtern Hygia, Aegle, Panacea und Iaso darstellte, erwähnt Plin. N. H. XXXV 137.

103. Relieffragment, auf den Stufen der N-Seite des Parthenon aufgestellt.

Die auf einem Sessel mit Armlehne sitzende Figur mit der Schlange zur Seite wird, wie die entsprechende in no 102, für Asklepios und das Ganze für ein Bruchstück eines Votivreliefs zu halten sein.

104. Votivrelief, in der Sammlung der archäologischen Gesellschaft. Der auf einem Sessel mit Rücklehne sitzende Gott, der mit der Linken ein Scepter aufstützt, ist vermuthlich Zeus, sehr ähnlich ist er auf dem folgenden Relief dargestellt. Die Arbeit ist flüchtig, fast roh zu nennen. Auf dem unteren Rande sind die Buchstaben MC erhalten, möglich, dass noch ein oder zwei Buchstaben vorhergingen.

105. Votivrelief, in der Sammlung im Cultusministerium. Auf dem oberen Rande des Reliefs steht die Inschrift

ΜΥΝΝΙΟΝ ΔΙΙΦΙΛΙΩΙ ΑΝΕΘΗΚΕ d. i. Μύννιον Διὶ Φιλίῳ ἀνέθηκε. Hiernach haben wir in dem auf dem Armsessel sitzenden Gotte den Zeus Philios zu erkennen, welcher mit der L. ein Scepter aufgestützt haben wird; dasselbe muss in Farbe angedeutet gewesen sein. Die vor ihm stehende anbetende Figur trägt weibliche Kleidung; weniger den Eindruck weiblichen Geschlechts macht der Kopf. Indess lässt die Inschrift keinen Zweifel, dass damit die Weihende, Namens Mynnion, vorgestellt ist. Die kleine Figur, von der sie begleitet wird, mag auch weiblich, etwa ein Töchterchen sein.

Das Relief bietet die erste sichere Darstellung des Zeus Philios auf attischen Monumenten, sehr verschieden von der Statue des Polyklet, welche Paus. VIII 31, 4 beschreibt vgl. Stephani C. R. 1867 S. 169. Dagegen stimmt sie in allem Wesentlichen überein mit den Münzen von Pergamos welche Overbeck Kunstmyth. II S. 225 anführt. Gefunden ist die Platte im Peiraieus, zusammen mit mehreren anderen kleinen Monumenten. Darüber berichtet Eustratiadis in der Παλιγγενεσία vom 10. Sept. 1866, ἔτος Δ' no 996 danach Wescher Rev. arch. 1866 I S. 349 ff. ... μετέβην εἰς τὴν Πάτον. ὅπου ὁ Κωνσταντῖνος Γιαννάκης ἀνέσκαπτε νέαν οἰκίαν πέραν τοῦ ὀρυγείου ... Ὑπάρχει αὕτη εἰς τὴν κατ' ἀνατολὰς κλιτὺν τοῦ λόφου τῆς [illegible] χερσονήσου, 200 περίπου βήματα μακρὰν τῆς θαλάσσης, ἣν νῦν κοινῶς Μουνυχίαν καλοῦσιν. Οὔτε δὲ ἐν τῇ περιοχῇ τῆς οἰκίας οὔτε ἐκτὸς αὐτῆς ἠδυνήθημεν νὰ ἴδωμεν ἐν τῇ νῦν ἐπιφανείᾳ τῆς γῆς θεμέλια ὀρυγείου οἰκοδομήματος. Ἔλεγε δὲ ὁ ἰδιοκτήτης τῆς οἰκίας καὶ συνεμαρτύρουν οἱ ἐργάται ὅτι, σκάπτοντες τὰ θεμέλια τοῦ περιβόλου τῆς αὐλῆς, εὗρον τὰ ἀρχαῖα ταῦτα καὶ ἐλαίωσαν καὶ τὸν τόπον αὐτόν. Ausser dem Votivrelief an Zeus Philios sind dort no 115 und 117 gefunden; ferner eine Herme des bärtigen Dionysos, an der Spuren rother Farbe bemerkt wurden, sodann Κυβέλης τύπος ὁ συνήθως καὶ ἐν Ἀθήναις εὑρισκόμενος κατὰ πάντα ὅμοιος, μείζων καὶ οὗτος ἔχων ἐρυθροῦ χρώματος ἴχνη. Ἑκατέρωθεν δὲ τοῦ μηρίου ὑπάρχει ἀνὴ πρὸς σταφύλην ἴσως συσφιγμένας. Höhe M. 0,26; Breite 0,16. Endlich Πανὸς κεφαλὴ μετὰ τοῦ λαιμοῦ ὡραίας ἐργασίας καὶ πολλοῦ λόγου ἀξία. Ἄνωθεν τοῦ μετώπου κατὰ τὸ μέσον ἐν τῷ τριχώματι ὑπάρχουσι τὰ δύο κεράτια, τὰ ὦτα εἶναι ὅλως ἀνθρώπινα κατὰ τὸ ἄνω· μειδιᾷ δὲ ὁ εἴτε Πὰν εἴτε σάτυρος ἔχων οὕτως καὶ τὴν γλῶσσαν ἐκφαίνων διὰ τῶν χειλέων. Μακράν τινα βλάβην ἔχει εἰς τὴν ῥῖνα καὶ τὴν σιαγόνα, τὰ δὲ ἄλλα ἐστὶ σῶα. Κάτωθεν δὲ τοῦ λαιμοῦ ὑπάρχει ὀπὴ τετράγωνος, εἰς ἣν συνηρμόζετο, ὄχι κορμὸς ἴσως, ἀλλ' ἡ στήλη, ἐφ' ἧς ἵστατο.

106. Bruchstück eines Reliefs, in der Sammlung der archäologischen Gesellschaft.

Die erhaltene weibliche Figur ist offenbar nicht in der Zeit archaischer Kunst ausgeführt, sondern Nachbildung eines Werkes aus alter Zeit, etwa eines alterthümlichen Cultusbildes. Vielleicht hielt die Linke einen Stab: jedenfalls muss angenommen werden, dass was ihre Haltung motivirte, in Malerei ausgeführt war. Die vorgestreckte Rechte könnte eine Schale, wie zum Libiren, gehalten haben vgl. no 107 das was erhalten ist, gestattet kein sicheres Urtheil. Die rechts zum Vorschein kommende Hand ist wohl für die einer adorirenden Figur zu halten: nur ihre Grösse könnte daran zweifelhaft machen

107. Votivrelief, in der Sammlung der archäologischen Gesellschaft, gefunden im Peiraieus.

Die sitzende Göttin mit Füllhorn und Schale ist vermuthlich Ἀγαθὴ Τύχη, vgl. die Nachweisungen bei Gerhard Akad Abh. II S. 25 f. 47 ff Ein Bild der Agathe Tyche stand in Athen am Prytaneion, Ael. V. H. IX 39: man pflegt es mit der von Plin. N. H. XXXVI 23 genannten Bona Fortuna des Praxiteles für identisch zu halten. Ein Tempel der Ἀγαθὴ Τύχη wird von Harpokration s. v. Ἀγαθῆς Τύχης νεώς aus Lykurg und anderen Rednern angeführt vgl. Gerhard Philol. IV 380 ob er in Athen selbst sich befand, erhellt nicht Eine stehende weibliche Figur mit den gleichen Attributen kommt auf attischen Münzen vor, Beulé Monnaies d' Ath. p. 205, auch dort scheint mir die Deutung auf Agathe Tyche die nächstliegende. Einige inschriftliche Zeugnisse für ihren Cultus stellt Keil Schedae epigr. S. 16 zusammen, vgl. zu no 119

108. Relief, gegenwärtig im Wächterhäuschen am Eingang der Akropolis. Abgebildet Expéd. scientif. de Morée III Tf. 43. Im Text S. 22 wird es bezeichnet als 'stèle funéraire du musée d'Égine.' Ob es auch von Ägina stamme, ist danach ganz zweifelhaft vgl. Kekulé Die ant. Bildwerke im Theseion. Vorrede S. V f.

Nach unten schliesst sich an das Relief eine Inschriftenplatte, welche vom Kymation ab M 0,375 misst Sie ist so sehr beschädigt, dass nur einzelne kaum kenntliche Buchstabenreste verrathen, dass eine lange in kleinen Buchstaben geschriebene Inschrift darauf gestanden hat An eine zuverlässige Deutung des Reliefs ist bei dem gegenwärtigen Zustand kaum zu denken nur dass wir in der sitzenden Figur eine Göttin, vielleicht Artemis oder Hekate mit ihren Fackeln und einem Hunde * zur Seite, und in dem von einem Pferde begleiteten Sterblichen vor ihr einen Adoranten zu erkennen haben, ist sicher. Auch hier liegt es am Nächsten, als Inhalt der verlorenen Inschrift die Ertheilung der Proxenie oder einer ähnlichen Ehre zu vermuthen

Verwandt scheint das von Stark Arch. Anz. 1853 S. 366*; Städteleben, Kunst und Alterthum in Frankreich S. 562 beschriebene Relief des Museums zu Avignon. Auch an das aus Krannon in Thessalien stammende Relief, das sich in Leake's Besitz befand (Millingen Anc. uned. mon. II 16), kann man erinnern, wo der Artemis freilich ein Pferd allein gegenübersteht.

109. Vorderseite einer unter den Propyläen aufgestellten Marmorbasis von M. 0,53 Tiefe; auf der oberen Fläche ist ein Loch eingearbeitet, M. 0,26 breit, M. 0,20 lang, M. 0,055 tief. Das Relief ist abgebildet in der Ephim. arch. no 471 und nach Pittakis 1839 östlich vom Parthenon gefunden. Erwähnt von Stephani C. R. 1859 f. S. 111. Was von der Inschrift, welche Prof. Köhler auf meine Bitte nochmals genau auf dem Original geprüft hat, sicher steht, ist auf der Tafel verzeichnet; man liest

. . . ι . . .
ἀνέθηκ . . .
Ἀγαθὸς Δαίμων Ἀγαθὴ Τύχη.

Pittakis will über ἀνέθηκε die Buchstaben IM erkannt haben: seine übrigen Abweichungen anzugeben ist überflüssig. Bereits Stephani hat die Inschriften augenscheinlich richtig gelesen. Dass dem ἀνέθηκε noch eine Zeile mit dem Namen des Weihenden, vielleicht auch mit dem der Gottheit, an welche die Weihung sich richtete, voranging, ist selbstverständlich. Ἀγαθὸς Δαίμων ist nur die erklärende Beischrift für die bärtige Figur mit dem Füllhorn im Arm, ebenso Ἀγαθὴ Τύχη für die weibliche Figur, über der es steht.

Über die Darstellung des Agathos Daimon s. ausser der Abhandlung von Gerhard (Akad. Abh. II. S. 21 ff.) Stephani a. a. O., der eben dieses Reliefs gedenkt. Von inschriftlichen Zeugnissen für die Verehrung des Agathos Daimon und der Agathe Tyche zu Athen vgl. CIG. 371 und Ephim. no 2789, letzteren eine auf der Burg gefundene Basis aus römischer Zeit.

110. Relief, angeblich aus Theben, jetzt im Theseion: beschrieben von Kekulé Die ant. Bildwerke im Theseion zu Athen no 219, der in der sitzenden Figur, gewiss mit Recht, Dionysos erkennt. Die weibliche Figur scheint die Rechte erhoben, vielleicht einen Stab aufgestützt zu haben. Für ihre Deutung fehlt es an hinreichendem Anhalt.

111. Verstümmeltes Relief, angeblich aus Böotien; jetzt in der Sammlung der archäologischen Gesellschaft. Die Jünglingsfigur scheint auf einem mit einem Gewande bedeckten Sessel zu sitzen und die Füsse auf einen Schemel zu stellen. Was die vorgestreckte Rechte that, ist nicht zu ermitteln.

Stammt das Bruchstück wirklich aus Böotien, so wird man in dem Rest einer Inschrift ..φωνιάδη einen Dativ Sing. zu erkennen haben. Der vor dem Φ stehende Rest eines Buchstabens kann allenfalls von einem Σ herrühren: wahrscheinlicher war es ein Υ.

112. Votivrelief, das nach einer von Eustratiadis in den Acten gefundenen Notiz aus Ithome stammt: jetzt im Theseion. Beschrieben von Kekulé Die ant. Bildwerke im Thes. zu Athen no 374.

Herakles, am Löwenfell kenntlich, stützt sich mit der Keule auf die Stufen eines im Grunde angedeuteten Heiligthums. Von rechts naht sich anbetend ein bärtiger Mann, den ein Rind und ein Schaf, augenscheinlich als Opferthiere, begleiten.

Ein Opfer, aus Eber, Stier und Widder bestehend, ward dem Herakles in Opus und, wie es scheint, in Theben gebracht (Diod. IV 39, 1); Widderopfer an Herakles sind auch sonst aus Böotien bezeugt, Poll. I 30. Ein Stier allein wird ihm dargebracht auf dem Venezianischen, dem unsrigen sehr ähnlichen Relief: Zanetti I 49; Valentinelli Marmi scolpiti del mus. arch. della Marciana 1866 no 200 Tf. 40. Auf den von attischen Köpfen abweichenden, an polykletische erinnernden Typus des Herakles hat schon Kekulé aufmerksam gemacht; vgl. Ann. dell' Inst. 1868 S. 319. Sehr zweifelhaft ist, ob mit dem Relief die Darstellung des Herakles auf einer unter Septimius Severus geprägten messenischen Münze zu vergleichen sei, die Mionnet II S. 211 no 27 folgendermassen beschreibt: 'Hercule debout, le bras droit appuyé sur sa massue posée sur une base, le bras gauche derrière le dos.'

113. Relief, angeblich im Dionysostheater gefunden, gegenwärtig in der Sammlung der archäologischen Gesellschaft.

Bei der nackten männlichen Figur, mit der Keule in der Linken, denkt man zunächst an Herakles (oder Theseus), bei dem Reste einer ihm gegenüberstehenden Figur, deren linke Hand auf dem Rand des Schildes ruht, während sie die Rechte dem Helden reicht, an Athena.

Von den Inschriften, welche an dem das Relief bekrönenden Giebel angebracht waren, ist nur das in der Giebelfläche stehende ΘΕΟΙ deutlich kenntlich. Auf dem linken und rechten Seitenrand sind vereinzelte Buchstabenreste erhalten, auf dem unteren Rande zahlreichere, an denen man deutlich sieht, dass an Stelle einer Inschrift mit kleineren Buchstaben später eine andere mit grösseren eingehauen worden ist, dass wir es also mit einem lapis rescriptus zu thun haben.

Über Athena und Herakles, die einander die Hand reichen, vgl. Stephani C. R. 1861 S. 52. Im vorliegenden Falle ist die nächstliegende Annahme, dass die Verbindung einer von Herakles vertretenen Stadt mit Athen dargestellt sei.

114. Relieffragment, aufgestellt auf den Stufen der NSeite des Parthenon.

Man erkennt eine in ein Himation gehüllte männliche (wohl unbärtige) Figur, welche ihrer ganzen Bewegung nach sich mit der linken Achsel auf einen Stab gestützt haben muss; ohne Zweifel war derselbe durch Farbe ausgedrückt. Das Haar scheint von einem Kranz oder einer Binde umgeben gewesen zu sein. Die Rechte ist ein wenig vorgestreckt; vermuthlich reichte sie etwas dar. Wenigstens hat die rechte Hand der rechts stehenden Jünglingsfigur eine Haltung, die darauf deutet, dass sie etwas zu empfangen in Begriff war. Ob diese Figur noch halb als Knabe dargestellt war und so ihre geringere Grösse zu erklären sei, oder ob die Grössenverschiedenheit auf die Zusammenstellung eines Gottes oder Heroen mit einem Sterblichen zurückzuführen sei, lässt sich nicht entscheiden.

115. Relief auf einer Miethcontracturkunde, gefunden im Peiraieus, s. zu no 105; gegenwärtig in der Sammlung im Cultusministerium. Die Inschrift ist in Minuskeln publicirt von Eustratiadis (s. no 105); von Wescher Revue archéologique 1865 I S. 352 ff.; danach wiederholt von Kirchhoff Hermes II S. 160 ff., der zuerst ihren Sinn richtig festgestellt hat.

Die Publicationen sind correct (Z. 25, wo Kirchhoff vermuthet ἐν τῷ ἱερῷ, steht auf dem Stein in der That ΣΤΗΣΑ . . . . . ΟΝΗΡΩ. Ist eine auf die erhaltenen Buchstaben genau passende Ergänzung nicht zu finden, so würde στῆσαι ἐν ἡρῴῳ denselben wenigstens näher kommen und den Raum gerade füllen. Das Relief nimmt die obere rechte Ecke des Steins ein: um Platz dafür zu gewinnen, sind die ersten zehn Zeilen um M. 0,09 gegen die übrigen verkürzt. Die Figuren sind auf der bereits geglätteten Platte ganz flach ausgearbeitet, nicht ungeschickt aber ziemlich grob und im Einzelnen undeutlich. Es ist dabei schwerlich auf einen Schmuck abgesehen; vielmehr mochte das Relief als eine Empfehlung an die Gottheit, vielleicht auch nur als Erkennungszeichen dienen, um den Stein aus der vermuthlich grossen Zahl der an demselben Orte aufgestellten leichter herauszufinden, wenn man auf die Urkunde recurriren musste.

Die Urkunde enthält einen Pachtcontract, dem zu Folge acht Personen, die als Κολλυτεῖς οἱ μερῖται bezeichnet werden, eine Werkstatt mit Zubehör im Peiraieus an Eukrates, des Exekias Sohn aus Aphidnai, für 54 Dr. jährlich verpachten. Aufgestellt war die Inschrift, wie Kirchhoff gezeigt hat, in einem Heiligthum und ist nach dem Priester desselben, Philippides datirt. Ein Mann gleiches Namens kommt in einer ebenfalls im Peiraieus gefundenen, derselben makedonischen Epoche angehörigen Inschrift (Ross Demen no 21; Rang. no 1093) als Priester in Verbindung mit Artemis vor, so dass Kirchhoffs Annahme, der Stein habe im Heiligthum der Artemis Munychia gestanden, die höchste Wahrscheinlichkeit hat. Dass das Wort, mit welchem dasselbe Z. 25 bezeichnet war, sich nicht sicher herstellen lässt, ist oben gesagt.

Für die Deutung des Reliefs das Wichtigste wäre festzustellen, was unter μερῖται Κολλυτέων zu verstehen ist. Μερίτης steht an den von den Wörterbüchern beigebrachten Stellen (Dem. XXXII 25; Polyb. IV 3. VIII 31. XIII 8) immer in dem Sinne von Theilhaber, Theilnehmer; wie es denn die Labbé'schen Glossen mit particeps wiedergeben. Hier aber scheint es eine besondere Stellung einer Gesellschaft zu der Gesammtheit der Mitglieder des Demos Kytheros zu bezeichnen. Wescher denkt an 'entrepreneurs ou fermiers associés pour l'exploitation des terres et des revenus des dèmes'.

Was die Handlung der Figuren betrifft, so ist klar, dass die weibliche in der Rechten einen Beutel hält. Minder deutlich, aber doch unzweifelhaft scheint mir, dass die männliche Figur der weiblichen einen zweiten Beutel reicht, den diese wohl mit der Linken empfängt. Man könnte danach in der sitzenden Figur kaum einen anderen als den Pächter sehen, in der weiblichen aber die Vertreterin der μερῖται; wobei man freilich den Sinn dieser letzteren Vertretung nicht recht einsieht. Möglich wäre auch, dass die zwei Beutel sich auf die Bestimmung des Contractes bezögen, dass der Pachtzins jährlich in zwei Terminen ausgezahlt werden solle.

116. Relieffragment, auf den Stufen der N-Seite des Parthenon aufgestellt. Die Platte ist ungewöhnlich dick M 0,115 und auf ihrer oberen Horizontalfläche wie eine Lagerfläche bearbeitet. Die Arbeit ist wie bei no 114 besonders sorgfältig.

Ob die verschiedene Grösse der beiden Jünglingsfiguren auf verschiedenes Alter deutet, oder den Sterblichen vom Gott oder Heroen scheiden soll, ist ungewiss; das letztere ist wahrscheinlicher, da auch an der rechts stehenden Figur der Körper sehr ausgebildet ist und den Eindruck eines völlig erwachsenen Epheben macht. Dann wird man die Figur zur Linken mit der Chlamys und mit dem Petasos im Nacken für Hermes halten dürfen. Was dieselbe in der linken Hand hielt, ist mir auch dem Original gegenüber undeutlich geblieben.

117. Relief, gefunden im Peiraieus (s. no 105), gegenwärtig in der Sammlung im Cultusministerium zu Athen. Beschrieben von Kekulé Die ant. Bildw. im Theseion zu Athen S. 81.

Nach Eustratiadis (s. zu no 105) hat das Relief unten ein Loch (αὐτὸ δ' ἐν τῇ βάσει ὑπάρχει μικρὰ τετράγωνος ὀπή, ἵνα εἰς βάθρον στερεῶται τὸ ἀνάθημα). Auch Kekulé erwähnt das, ich habe es übersehen. Das Monument gehört zu einer Reihe von Reliefs, welche dem Pan und den Nymphen geweiht zu sein pflegen, sie sind zusammengestellt von Michaelis Ann. dell' Inst. 1863 S. 311 ff. (vgl. dens. A. Z. 1865 S. 120). Dazu kommt noch das von Newton Arch. Anz. 1851 S. 512* beschriebene Exemplar aus Gallipoli und ein Exemplar, das sich unter den Trümmern der Sammlung Silvestri zu Rovigo im dortigen Seminario befindet. Dasselbe ist M 0,20 hoch, M. 0,23 breit und hat den oberen und rechten Rand verloren. Doch ist links ein Stück des Randes mit der bärtigen Maske und Andeutung von Felsen, darüber der Rest eines Ziegenfusses, vielleicht von einer kleinen Pansfigur erhalten. Auf die Maske zu schreitet eine Jünglingsfigur in Chitoniskos und Chlamys, welche die Rechte wie adorirend erhebt (Hermes), und drei ihm im Tanzschritt folgende weibliche Figuren nach Kekulé, der auf Eur. Ion 501 ff. verweist, die drei Kekropstöchter anführt, von denen die mittelste mit einfachem, die beiden anderen mit doppeltem Gewand bekleidet sind. Sie halten sich an den Händen gefasst, die letzte hat die Linke in den Rücken gestemmt. Die erste und dritte blicken nach links, die mittelste gerade aus. Am Boden erscheint statt des gewöhnlichen Steinhaufens nur eine verhältnissmässig kleine Erhöhung, welche den unteren Theil des linken Beines des Hermes verdeckt. Die Herkunft des Reliefs liess sich nicht ermitteln; es stimmt aber so genau mit den übrigen athenischen Exemplaren, dass die Vermuthung nahe liegt, es möge, vielleicht auf dem Umweg über Venedig, von dort nach Rovigo gelangt sein. Es gehört übrigens zu den bestgearbeiteten Exemplaren dieser Reihe.

118. Fragment eines dem vorhergehenden ähnlichen Reliefs, aufgestellt auf den Stufen der N-Seite des Parthenon. Beschrieben von Matz Bull. 1870 S. 68.

Die anführende Jünglingsfigur (Hermes) scheint hier ausser der Chlamys auch einen Chitoniskos getragen zu haben und hält in der Rechten ein Füllhorn. Die bärtige und gehörnte Maske, auf welche sie zuschreitet, sitzt hier auf Brust und Vorderbeinen eines Stiers, eine auf Münzen nicht seltene Bildung.

119. Relief, auf der schmalen Seitenfläche einer jetzt grossentheils verlorenen Platte ausgearbeitet. Gegenwärtig in der Sammlung im Cultusministerium zu Athen, nach einer Mittheilung des Herrn Eustratiadis gefunden bei Ἁγία Τριάδα.

Die Figur ist nur durch stark und ziemlich roh eingegrabene Linien hergestellt, ohne eigentliche Relieferhebung.

TAFEL XXIX.

No 120—123.

Über die hier abgebildeten, von Gräbern herrührenden Reliefs ist nur so viel zu bemerken, dass ich sie theils wegen der Besonderheit des dargestellten Gegenstandes, theils wegen ihres stilistischen Interesses dieser Sammlung angeschlossen habe; es schien mir wichtig, sie nicht noch länger unpublicirt zu lassen.

120. Relief, gegenwärtig in der Sammlung der archäologischen Gesellschaft. Nach Pervanoglu Arch. Anz. 1864 S. 297* bei Ἁγία Τριάδα gefunden. Besprochen von Benndorf Griech. u. sicil. Vasenbilder S. 7 Anm. 21.

Das sehr hohe Relief stellt angenscheinlich die Niederlegung eines in ein Gewand gehüllten bärtigen Leichnams auf einer Kline, also die Vorbereitung der Prothesis dar. Die Figuren links und rechts, denen jetzt die Köpfe fehlen, scheinen mir beide weiblich, die zur Linken wegen ihrer Kleidung, die zur Rechten wegen des auf der linken Schulter sichtbaren Restes von langen, auf den Rücken herabfallenden Haaren. Benndorf nennt die eine der beiden Figuren, also wol die letztere, männlich; ebenso Pervanoglu.

121. Grabstele, jetzt in der Sammlung der archäologischen Gesellschaft, nicht genau beschrieben von Pervanoglu Arch. Anz. 1866 S. 172*, vgl. A. Z. 1868 S. 74. Die Reste der Inschrift verzeichnet Kumanudis Ἀττικῆς ἐπιγραφαὶ ἐπιτύμβιοι no 3725. derselbe bespricht das Relief in der Einleitung S. κα'.

Das sehr beschädigte Relief zeigt eine weibliche Figur, welche dem Hermes die Hand reicht, angenscheinlich eine Darstellung des Todes unter dem Bilde einer Abholung durch den Hermes ψυχοπομπός. Ein anderes, soviel ich finde, bis jetzt übersehenes Beispiel dieser Scene bietet ein Grabstein im Museo lapidario zu Verona, mit der Inschrift Ἀσκληπιάδης Ἀπολλωνίου Ἀρμενιάτα χρηστὲ χαῖρε Mus. Veron. S. LVII Tf. III 1; CIG 2010. Vgl. auch die Darstellung eines attischen Gefässes in München Jahn no 209, bei Stackelberg Gräber der Hellenen Tf. 47; Benndorf Griech. u. sicil. Vasenb. Tf. 27, 1 mit dessen Bemerkungen S. 44. Über die Hydria s. jetzt die sorgfältige Untersuchung von Kumanudis a. a. O. S. ιζ'. Im Giebel der Stele ist ein Schild als Schmuck angebracht.

122. Reliefbruchstück, im Thurm der Winde aufgestellt; vgl. Trendelenburg Bull. 1872 S. 95, was ich während des Druckes erhalte.

Eine sichere Erklärung des Reliefs ist durch seine Verstümmelung unmöglich gemacht. Für das Wahrscheinlichste halte ich, dass es ein Grabrelief sei; es steht der sog. Leukothea in Villa Albani Zoega Bassi Rilievi I Tf. 41 sehr nahe. Der Grössenunterschied zwischen der stehenden und sitzenden Figur ist nicht bedeutender, als auf jenem Relief und als er auch sonst auf attischen Grabreliefs zwischen der sitzenden Hauptfigur und einer ihr gegenüberstehenden vorkommt; so dass an ein Votivrelief nicht zu denken ist. Auch stilistisch und in Bezug auf die Stoffe und den Schnitt der Gewänder bietet das genannte Monument eine nahe und lehrreiche Parallele.

123. Obertheil einer Grabstele, jetzt im Thurm der Winde aufgestellt. Es stammt aus der Umgebung von Abdera und ist durch Schenkung eines Herrn Joh. Kokkos nach Athen gekommen; s. A. Postolakka in der Zeitschrift Αἰών 12. Juni 1858 no 1633 S. 4, der unter anderen von demselben Manne geschenkten Gegenständen erwähnt ein τεμάχιον μαρμάρου φέρον κεφαλὴν ἀνάγλυφον λίαν ἀξιόλογον διὰ τὸν ἀρχαῖον τῆς τέχνης ῥυθμὸν εὑρεθὲν εἰς τὴν περιφέρειαν τῶν Ἀβδήρων.

TAFEL XXX—XXXV.

No 124—134.

Die auf diesen Tafeln abgebildeten Thonreliefs gehören mit Ausnahme zweier Fragmente no 136, 137 zu einer Gattung, von der, soviel mir bekannt, zuletzt und am vollständigsten Jahn, Über Darst. griech. Dichter auf Vasenbildern S. 710 Anm. 29, eine Übersicht gegeben hat. Es scheint mir angemessen, dieselbe mit einigen Nachträgen in der Weise zu widerholen, dass ich die hier zuerst veröffentlichten Exemplare mit einreihe.

1. Kitharspielender Apollo aus Athen. Stackelberg Gräber der Hellenen Tf. 56, 4.

2. Apollo unter den Hirten. Fundort unbekannt; jetzt im brittischen Museum. Welcker AD. II S. 225.

3. Artemis und Actäon; Fundort unbekannt, jetzt vermuthlich im Louvre. Campana Opere in plastica II 65; Cataloghi del Museo Campana Cl. IV 4 S. 13 no 311.

3a. Ein zweites Exemplar im Museum zu Neapel in der Sammlung S. Angelo; Fundort unbekannt. An diesem Exemplar ist der Reliefgrund auch innerhalb der Gruppe ausgeschnitten. Ob das Campanasche Exemplar ebenso beschaffen sei, weiss ich nicht: die Abbildung zeigt nichts von einem solchen opus interrasile.

4. Artemis und Actäon; Fundort unbekannt; unten no 137.

5. Weibliche (?) Figur auf einem Schwan (vielleicht Aphrodite), aus Melos, unten no 130.

6. Perseus mit der Medusa, aus Melos, jetzt im brittischen Museum. Millingen Anc. uned. mon. II 2. Levezow Entwickelung des Gorgonenideals Tf. IV 42. Müller-Wieseler AD. I 14, 51. Overbeck Gesch. der gr. Plastik I² S. 149 Fig. 26a.

7. Bellerophon, den Pegasos bändigend, aus Ägina, unten no 132.

8. Bellerophon im Kampf mit der Chimära, aus Melos, jetzt im brittischen Museum. Millingen Anc. uned. mon. II 3, Müller-Wieseler AD I 14, 52.

8a. Ein kleines Bruchstück, Kopf und Vordertheil der Chimära von einem zweiten Exemplar, in der Sammlung der archäologischen Gesellschaft zu Athen.

8b. Die Chimära, unverkennbar Bruchstück eines dritten Exemplars; im Besitz von Thomas Burgon. Fellows Acc. of disc. in Lycia, Titelvignette und S. 192.

9. Peleus mit Thetis ringend, aus Ägina, unten no 133.

9b. Ein zweites Exemplar im brittischen Museum, s. zu no 133.

10. Die Kalydonische Jagd, aus Melos, jetzt im Berliner Museum. Jahn Leipz. Ber. 1848 S. 123 ff. mit Abbildung auf der beigegebenen Tafel.

11. Phrixos mit dem Widder durchs Meer schwimmend, aus Melos, unten no 124.

12. Dsgl., etwas andere Composition von unbekanntem Fundort, in der Sammlung Laborde in Paris. Ann. dell' Inst. 1867 Tf. B. Jahn ebda S. 90 ff.

13. Helle auf dem Widder, aus Melos, im Berliner Museum, unten no 123 A.

14. Orestes und Elektra am Grabe Agamemnons, aus Melos. Mon. dell' Inst. VI. VII 57, 1. Conze Ann. 1861 S. 340 ff.

15. Scene an einem Grabmal, noch nicht sicher gedeutet, aus Melos. Mon. dell' Inst. VI. VII 57, 2; Conze Ann. 1861 S. 346 ff. Brunn ebda S. 349 ff.; Kekulé Bull. 1868 S. 36 no 27.

16. Skylla, aus Ägina, im Musée Blacas. Mon. dell' Inst. III 53, 2. Vinet Ann. 1843 S. 191.

16a. Bruchstück eines zweiten Exemplars aus Melos, unten no 134.

17. Dsgl., dem vorhergehenden sehr ähnlich, doch in Einzelheiten abweichend, aus Ägina, s. zu no 134.

18. Troer im Kampf mit einem Achäer (?), aus Ägina, unten no 131.

18a. Wahrscheinlich ein zweites Exemplar desselben Reliefs, aus Melos, besass R. Rochette, s. zu no 131.

19. Hekate und Eros (?) auf einem Greifenwagen, aus Ägina, in der Sammlung des Duca di Sperlinga zu Neapel. Mon. dell' Inst. I 18b, Welcker Ann. 1830 II S. 65 ff. = AD. II Tf. III 6 S. 70 ff. Müller-Wieseler AD. I 14, 53.

20. Todesgöttin einen Knaben entführend, aus Kreta. R. Rochette Ant. chrét. III Tf. 4, Müller-Wieseler AD. II 71, 896.

21. Sphinx einen Jüngling forttragend, aus Tenos. Stackelberg Gräber der Hellenen Tf. 30, 1.

21a b. Zwei Exemplare von dieser oder der folgenden Composition sollen sich im brittischen Museum befinden. A. Z. 1846 S. 224.

22. Dsgl., etwas verschiedene Gruppe, aus Melos, unten no 125.

23. Geflügelte weibliche Figur mit einem Reh zur Seite, aus Melos, unten no 128.

24. Fragment von einem ähnlichen Relief, von unbekanntem Fundort, unten no 129.

25. Sphinx, aus Athen, im Berliner Museum. Panofka Terracotten des k. Mus. Tf. 50, 2.

25a. Ein zweites aus derselben Form gepresstes Exemplar aus Ross' Besitz, gleichfalls im Berliner Museum. Vermuthlich gehört es zu den 'Paar Sirenen', die Ross (Inselreise III S. 19) in Melos kaufte, vgl. 27.

26. Dsgl., aus Athen, im Berliner Museum. Panofka ebda Tf. 50, 3.

27. Sirene oder Harpyie, aus Ross' Besitz in das Berliner Museum gekommen, unten no 133 B.

28. Frauen mit einem Stier, aus Melos, unten no 126.

29. Tänzerin mit Krotalen von Santorin (Thera), unten no 135.

29a b. Zwei Repliken in der Sammlung der archäologischen Gesellschaft und eines Privatmannes zu Athen. Kekulé Bull. 1868 S. 57.

30. 30a. Tänzerin mit Krotalen vor einem Altar (?), angeblich aus Athen. Zwei Exemplare von ungleicher Erhaltung, aus der Pourtalès'schen Sammlung in das Berliner Museum gelangt, das eine bei Panofka Cab. Pourtalès Tf. 38. Dubois Descr. no 530.

31. Alkaios und Sappho, von unbekanntem Fundort, jetzt im brittischen Museum. Welcker AD. II S. 225 Tf. XII 20, Jahn Darstell. griech. Dichter auf Vasenbildern Tf. II 1 S. 719, Overbeck Gesch. der griech. Plastik I² S. 149 Fig. 26b.

32. Endlich scheint mir in dieselbe Classe der in der Krim gefundene, 'in einem vorzüglichen Stil ausgeführte' Hahn zu gehören, den Stephani C. R. 1869 Tf. III 14 S. 71 hat abbilden lassen. Ein zweites sehr verdorbenes Exemplar befindet sich im Antiquarium des Berliner Museums, ob es mit dem Petersburger genau übereinstimmt, kann ich nicht sagen.

Kleinere Fragmente, über die sich nicht mit hinreichender Sicherheit urtheilen lässt, übergehe ich.

Diese Reliefs stimmen sämmtlich überein in der auf das geringste Maass beschränkten Relieferhebung, in der augenscheinlichen Bestimmung für Verkleidung und in dem im Ganzen ausgeprägt alterthümlichen Stile. Auch legen die Fundorte den Gedanken nahe, dass sie an Einem Orte fabricirt wurden und von da in den Handel kamen, möglich dass man sie mit Recht melische Thonreliefs zu nennen pflegt.

Es ist längst erkannt, dass diese Reliefs, an denen sich meist noch sorgfältig hergestellte Löcher finden, zum Auflegen oder zur Verkleidung bestimmt waren. Ihre bescheidenen Dimensionen machen es wahrscheinlich, dass sie an hölzernen Geräthen angebracht wurden, etwa in der Art wie die allerdings aus Holz geschnitzten und vergoldeten Reliefgruppen an einem in der Krim gefundenen hölzernen Sarkophag bei Stephani C. R. 1869 S. 177 f. Bemerkenswerth ist in den Compositionen das Vorherrschen der Richtung von links nach rechts. Sie waren gewiss durchgängig bemalt; in den erhaltenen Farbenspuren herrschen Blau und Roth vor, welche auch an den attischen Thonfigürchen besonders gewöhnlich gewesen zu sein scheinen. Luc. Lexiph. 22 νῦν γε ἀπαλλάξεις τουτὸν τοῖς ἀπὸ τῶν κοροπλάθων εἰς τὴν ἀγορὰν πλαττομένοις ἐοικώς, κεχρωσμένος μὲν τῇ μίλτῳ καὶ τῷ κυανῷ, τὸ δ' ἔνδοθεν πήλινός τε καὶ εὔθρυπτος ὤν.

Die Verwandtschaft der oben aufgezählten Exemplare ist sehr augenfällig. Doch scheiden sich diejenigen, die ich entweder im Original oder Abguss oder in Abbildungen, die ein Urtheil gestatten, gesehen habe, deutlich in drei Gruppen. Die erste, zahlreichste und alterthümlichste umfasst die Reliefs, deren Figuren ausgeschnitten erscheinen, und zwar so, dass nicht nur mit dem Aussencontur der Gruppe auch der Reliefgrund abschneidet, sondern dass dieser Reliefgrund meist auch da ausgeschnitten ist, wo er innerhalb der Gruppe zu Tage treten müsste. Diese sämmtlichen Reliefs zeigen eine sehr auffällige Übereinstimmung im Stil, eine bis zu einer gewissen Feinheit ausgebildete Alterthümlichkeit, die sich weniger durch Steifheit, als durch übermässige Schärfe der Formen und durch sehr starke Bewegungen fühlbar macht. Zu dieser Classe glaube ich rechnen zu dürfen 3. 6. 8. 9. 11. 13. 14. 16. 17. 19. 20. 22. 25. 26. (?) 28. 29. 30.

Die zweite Classe zeigt diese Arbeit à jour nicht, wenigstens nur in der Art, dass der Aussencontur der Gruppen ausgeschnitten ist, die Gruppen selbst aber undurchbrochen sind. Auch hier herrscht durchgängig im Stil eine alterthümliche Strenge, die den obengenannten Reliefs nahe verwandt ist, hier und da aber einen Fortschritt zu grösserer Freiheit zeigt. Diese Classe wird gebildet von 4. 5. 7. [illegible] 12. [illegible] 18. 27. 30.

Endlich entschieden jünger und freier, zugleich unter einander sehr eng verwandt durch den Typus der Köpfe und die ganz besonders geringe Erhebung des Reliefs sind die Platten 10 und 15. Durchbrochen sind auch diese nicht, an der kalydonischen Jagd ist sogar oberhalb und neben den Figuren der Reliefgrund erhalten und das Ganze in die Form einer viereckigen Platte gebracht. Dagegen ist an 10 der Grund an dem Aussencontur der ganzen

Gruppe weggeschnitten; wenn das auf der Publication anders erscheint, so beruht dies darauf, dass in derselben eine moderne Platte, auf welche das Relief besseren Haltes wegen aufgelegt worden, mitgezeichnet ist.

124. Aus Melos; jetzt in der Sammlung im Cultusministerium zu Athen. Das linke Vorderbein des Widders ist so wie die Zeichnung zeigt, ausgebrochen. Im Übrigen ist das Relief, auch rechts und links, vollständig. An der Figur sind im Haar Spuren von dünn aufgetragener weisser Farbe; Fleisch und Gewand sind röthlich, der Widder weiss. Das Wasser war hellblau gefärbt.

Ein Terracottarelief von sehr verwandter Composition, jedoch von etwas fortgeschrittnerem Stil befindet sich in der Sammlung de Laborde in Paris und ist von Jahn Ann. 1867 S. 90 ff. Tfl. B veröffentlicht und erläutert. Seine Herkunft ist leider unbekannt. Der von Jahn gegebenen Deutung auf Phrixos und ihrer Begründung habe ich nichts hinzuzufügen. Eine ganz entsprechende Darstellung des Phrixos, der sich am Horn des Widders anhält und mit ihm durchs Meer fährt, auf Münzen von Alos in Thessalien, hat auch Stephani C. R. 1869 S. 110 hieher gezogen. Die von Flasch Angebl. Argonautenbilder S. 2 gegen diese Erklärungen angedeuteten Bedenken scheinen mir unbegründet. Über Helle s. zu no 133 A.

125. Aus Melos; jetzt in der Sammlung im Cultusministerium zu Athen. Das Relief ist vollständig, bis auf den abgebrochenen Kopf der menschlichen Figur. Von der einstigen Bemalung sind nur an den Füssen der letzteren Spuren von Fleischfarbe erhalten.

Die Deutung dieser Gruppe auf die Sphinx, von der es bei Äschylus Sept. 524 heisst φέρει δ' ὑφ' αὑτῇ φῶτα, hat Jahn Arch. Beitr. S. 117 für ein sehr ähnliches auf Tenos gefundenes Relief (S. 61, 21) begründet. Über zwei verwandte Exemplare s. S. 61, 21a b.

126. Aus Melos; jetzt in der Sammlung im Cultusministerium zu Athen. Das Relief ist oben und rechts gebrochen, nur nach links hat es sich nicht weiter fortgesetzt. Die Darstellung eines von weiblichen Figuren geleiteten Stieres ist wol auf einen Opferzug zu beziehen. Von den weiblichen Figuren scheint die mittelste ein noch nicht erwachsenes Mädchen zu sein. Die kleine Scheibe mit einer Erhöhung in der Mitte, welche hinter ihrer Schulter erscheint und vermuthlich zu einem von der folgenden Figur getragenen Geräth gehört, weiss ich nicht zu deuten. Was man rechts unterhalb des Stierkopfes sieht, ist wol eine Andeutung von Felsen.

Die Bemalung, welche ohne Zweifel auch hier nicht gefehlt hat, ist verschwunden.

127. Fundort unbekannt; aus Finlay's Besitz in die Sammlung der archäologischen Gesellschaft übergegangen. Der Rand ist nur zwischen a und b gebrochen, sonst überall erhalten. Aber die Oberfläche ist sehr beschädigt und nirgend eine Spur von Bemalung erhalten.

Der zu Boden gestürzte Jüngling (mit Chlamys und Köcher) ist augenscheinlich von der weit ausschreitenden Figur, deren linker Fuss erhalten ist, und von einem Hund angegriffen. Jedenfalls sind Artemis und Aktäon gemeint. Sehr ähnlich ist die Darstellung desselben Mythus auf zwei zu derselben Classe gehörigen Terracottareliefs, s. oben S. 60, 3. 3a.

128. Aus Melos; jetzt in der Sammlung im Cultusministerium zu Athen. Abgebrochen ist ein Zipfel des Gewandes und das rechte Bein der weiblichen Figur, sowie die Extremitäten und die Brust des Rehes, an der vermuthlich eine weitere Figur ansetzte. Der Kopf der weiblichen Figur war abgebrochen, ein Stück des Halses ist verloren. Das Nackte und die Chlamys sind rosa, von den Flügeln die Theile, welche einzeln ausgedrückte Federn zeigen, hellblau gefärbt.

Die geflügelte Figur trägt auf der linken Hand einen Korb oder eine Schüssel (patella) mit Früchten oder dergl., wohl zum Opfer bestimmt, wie sie häufig auf den weissen attischen Lekythoi in Händen der ein Grab besuchenden Frauen vorkommt. Auf der rechten Hand trägt sie ein kleines Häschen; dass das ihr zur Seite stehende Thier ein Reh zu sein scheine, ist schon angedeutet. Ob man an eine geflügelte Artemis denken dürfe, bezweifle ich.

129. Ähnliches Fragment, in der Sammlung der archäologischen Gesellschaft, früher in Finlay's Besitz. Der Fundort ist unbekannt. Die Oberfläche bewahrt nur noch Spuren weisser Bemalung. Was zwischen den Buchstaben a und b, c und d, e und f, g und h liegt, zeigt Bruchfläche.

130. Aus Melos; in der Sammlung im Cultusministerium zu Athen. Die Oberfläche ist sehr beschädigt; nur hie und da finden sich kleine Reste eines weissen Überzugs. Zwischen *a* und *b*, *c* und *d*, *e* und *f* ist der Rand gebrochen.

Dargestellt war eine Figur in langem Chiton, auf einem Schwan sitzend, der mit ausgebreiteten Flügeln durch die unten angedeuteten Wellen schwimmt. Das Geschlecht der Figur ist nicht sicher zu erkennen; die kleinen Füsse und die Bildung der Beine deuten auf weibliches Geschlecht. Was man oben bei *b* sieht, war mir vor dem Original so undeutlich, als es auf der Abbildung erscheint.

Vielleicht darf man in der weiblichen Figur Aphrodite erkennen, von der Stephani C. R. 1863 S. 62 ff. nachgewiesen hat, wie vielfach sie auf Kunstwerken mit dem Schwan verbunden, auch von ihm getragen erscheint; zunächst wird man an die Münzen von Kamarina erinnert, über die nach Friedländers Angaben Jahn gehandelt hat, Leipz. Berichte 1852 S. 58 ff. Tfl. IV *b*. *c*. Im Allgemeinen vgl. Braun zu Strube Supplem. zu den Studien über den Bilderkreis von Eleusis S. 14. Sollte die Figur männlich sein, so wäre sie für Apollo zu halten; einen geschnittenen Stein, der Apollo von einem Schwan über das Meer getragen darstellt (bei Raspe Cat. des empreintes de Tassie no 1187 Tfl. 21, mir nicht zugänglich), erwähnt Stephani a. a. O. S. 66 Anm. 2.

131. Von Ägina; im Besitz des Herrn Vassos zu Athen. Die Zeichnung verdanke ich Herrn Dr. Matz; vgl. dens. Bull. 1870 S. 11. Jedenfalls ist dieses Relief eine Replik von demjenigen, welches Raoul Rochette Ant. chrét. III S. 24, 7 = Mémoires de l'inst. royal de France XIII 1838 S. 552, 7 folgendermassen beschreibt: '... un fragment de basrelief en terre cuite coloriée représentant un groupe de deux guerriers, l'un Grec et l'autre Troyen; fragment provenant d'un tombeau de Milo, qui de la collection de M. Gaspari a passé dans la mienne et que je compte publier parmi les monuments à l'appui de mon Histoire de l'Art des Anciens.'

132. Von Ägina; im Besitz des Herrn Vassos zu Athen. Die Zeichnung verdanke ich Herrn Dr. Matz; vgl. dens. Bull. 1870 S. 11.

Das Relief ist vollständig, bis auf eine kleine Verletzung am unteren Rande. Dass hier noch etwas angesetzt habe, ist nach der Analogie der übrigen Reliefs unwahrscheinlich. Dargestellt ist die Bändigung des Pegasos durch Bellerophon, nach der wie es scheint älteren Wendung der Sage, wie sie Pindar Ol. XIII 63 ff. vgl. Strabo VIII 379 erzählt. Was von der rechten Hand des Helden ziemlich senkrecht herabfällt, ist wol nicht für eine Lanze, sondern für einen Zügel zu halten. Augenscheinlich beugt sich Bellerophon auf den Hals des Pferdes hinab, um mit der linken, hinter dessen Kopf verborgenen Hand ihm den Zaum umzulegen. Abweichend erkennt Matz a. a. O. Bellerophon 'che colla lancia uccide la chimera, ora non più conservata.' Allein die Beschaffenheit des unteren Randes macht es sehr unwahrscheinlich, dass hier noch eine Chimära vorhanden gewesen sei, und die Bewegung des Pegasos sowohl wie des Helden scheinen mir nur die oben gegebene Erklärung zuzulassen. Für Matz' Deutung lässt sich allerdings eine korinthische Münze Mionnet Suppl. IV S. 18 no 314 anführen, welche auf der einen Seite Chimära, auf der anderen Seite Bellerophon auf dem Pegasos in einer dem vorliegenden Relief sehr nahe entsprechenden Composition zeigt. Dort hält Bellerophon in der Rechten sicher die Lanze. Aber das Pferd hat auch nicht die eigenthümliche Stellung der Vorderbeine, welche durchaus den Eindruck macht, dass das Thier gewaltsam gebändigt wird, und die auch der Deutung auf B.'s Sturz widerspricht.

133. Aus Ägina. Im Besitz des Herrn Vasos zu Athen. Die Zeichnung verdanke ich Herrn Dr. Matz: vgl. dens. Bull. 1870 S. 11.

Das Relief scheint vollständig bis auf ein Stück der den Boden vertretenden Leiste; ausserdem finden sich bei *a* und *b* Reste einer jetzt verloren gegangenen Figur, jedenfalls eines Thiers. Dargestellt ist unverkennbar der mit Thetis ringende Peleus; vermuthlich waren hier wie auf den Vasenbildern, durch ein an der Göttin in die Höhe strebendes Thier die Verwandlungen angedeutet, durch die sie sich dem Peleus zu entziehen sucht.

Die Bemalung ist an diesem Relief wohl erhalten. Alle nackten Theile, auch der Oberkörper der Thetis bis zu den Hüften herab, zeigen Fleischfarbe. Weiss ist das um die Haare der Thetis gewundene Tuch und das an ihrem linken Oberarm sichtbare, ärmelförmige Gewandstück; das letztere ist mir unverständlich. Die Haare beider Figuren sind von warm rothbrauner Farbe, das von den Hüften der Thetis zu den Knieen herabreichende Gewand ist mit Zinnober gefärbt. Blau endlich erscheinen die Gewandstücke, welche oberhalb der beiden Schultern der Thetis hervorsehen und das, was von ihrer linken Schulter herabhängt, sowie die untere Querleiste mit der Erhöhung am linken Fuss der Göttin.

Nach einer mündlichen Mittheilung des Herrn Prof. Brunn befindet sich ein zweites Exemplar dieses Reliefs im brittischen Museum.

133 A. Aus Melos, wo es Ross Inselreise III S. 19 kaufte, jetzt im Berliner Museum. Was Panofka A. Z. 1845 Tf. 27, 2 S. 37 aus dem Berliner Museum veröffentlicht hat, ist augenscheinlich ein Bruchstück desselben Exemplars. Die in seiner Abbildung fehlenden Theile scheinen damals noch nicht mit dem Übrigen vereinigt gewesen zu sein, so dass Panofka die Zusammengehörigkeit übersah. Die schon von Ross a. a. O. vorgeschlagene Deutung auf Helle billigt auch Stephani C. R. 1869 S. 111, ohne Ross' Notiz zu kennen. Ob die verwandten Darstellungen auf kyprischen Münzen (Duc de Luynes Numismatique et inscriptions Cypriotes Tf. V 3. VI 5) auf Helle zu deuten sind, ist fraglich; Flasch Angebl. Argonautenbilder S. 6 ff. erkennt in ihnen Aphrodite.

133 B. Aus Melos, wo es Ross Inselreise III S. 19 kaufte, jetzt im Berliner Museum.

Ob eine Sirene oder Harpyie dargestellt sei, lässt sich bei dem Mangel bezeichnender Merkmale nicht entscheiden. s. Stephani C. R. 1865 S. 33 ff.; Schrader Die Sirenen S. 100 ff.

134. Fragment eines Terracottareliefs von Melos, jetzt in der Sammlung im Cultusministerium zu Athen. Gebrochen ist es an den Stellen *a—b* und *c—d*. Reste von Bemalung haben sich nicht erhalten.

Das Bruchstück rührt von einer Darstellung der Skylla her, die augenscheinlich aus derselben Form hervorgegangen ist, mit der ein anderes, ziemlich vollständigeres Exemplar hergestellt ist, das aus Ägina stammt und im Musée Blacas sich befindet. s. S. 61, 16.

Leider war die Tafel schon lithographirt, als Herr Dr. Matz die Güte hatte, mir die Zeichnung eines zweiten vollständigen Exemplars mitzutheilen, welches er in Athen in der Sammlung des Herrn Vasos gefunden; vgl. Matz im Bull. 1870 S. 11. Es stammt gleichfalls aus Ägina und gewährt ein besonderes Interesse dadurch, dass es, obgleich in allen Zügen der Composition mit dem Exemplar Blacas und dem vorliegenden Fragment übereinstimmend, doch nach ganz sicheren Kennzeichen nicht aus derselben Form, wie jene, hervorgegangen sein kann. Die Abweichungen sind viel geringer als die des Phrixos no 121 von dem bezüglichen Labordeschen Exemplar; namentlich zeigt sich durchaus kein Stilunterschied.

135. Von Santorino; in der Sammlung des Herrn Prof. Komnos zu Athen, beschrieben von Kekulé Bull. 1868 S. 58 no 28, wo auch zwei in anderen athenischen Sammlungen befindliche Repliken angeführt sind; vgl. oben S. 61, 29. 30.

136. Reliefbruchstück, jetzt im Häuschen am Erechtheion; gefunden auf der Burg nach Pervanoglu Bull. 1861 S. 133, der dasselbe Fragment ebenda S. 87 irrthümlich beschrieben hatte. Den deutlichen Farbenspuren nach war der Grund blau, das Untergewand, sowie die mit *b* bezeichnete Stelle am Wagen zinnoberroth, die nackten Theile weiss, die Haare über der Stirn und im Nacken (wo *a* steht) gelb gefärbt. An dem Obergewand sind Spuren eines carminrothen Saumes erhalten. Das Loch in der rechten oberen Ecke hat zur Befestigung des Reliefs gedient. Es ist unverkennbar, dass Athena auf einem Wagen dargestellt ist. Die Haltung der linken Hand muss durch etwas was sie hielt, Zügel oder Lanze, begründet gewesen sein; doch sind keine Farbenspuren des betreffenden Gegenstandes erhalten.

137. Reliefbruchstück, angeblich in Athen gefunden, in der Sammlung des Herrn Prof. Komnos zu Athen. Beschrieben von Kekulé Bull. 1868 S. 58 no 2.

Die Eule scheint, trotz eines kleinen Zwischenraums, auf der unterhalb sichtbaren Hand zu sitzen; wahrscheinlich also rührt das Fragment von einer Darstellung der Athena her, ähnlich der oben no 87 abgebildeten und besprochenen. Was die Erhöhung bedeute, die vom Ballen der Hand nach unten geht, ist nicht mehr festzustellen.

TAFEL XXXVI. XXXVII.

No 138—149.

Die kleine Auswahl von Terracotten, zu denen sich zwei in Knochen geschnittene Reliefs gesellen, ist nur um des griechischen Ursprunges dieser kleinen Denkmäler willen hinzugefügt, und bietet vielleicht genug Interesse, um als ein Anhang willkommen zu sein.

138. In der Sammlung der archäologischen Gesellschaft. Erwähnt von Kekulé Bull. 1868 S. 51 unter no 19. Dargestellt ist eine alte Kinderwärterin τροφός, nom nutrix, dry-nurse mit dem Kinde auf dem Arm, dem eine Art Capuze den Kopf bedeckt.

139. In der Sammlung der archäologischen Gesellschaft. Carricatur einer alten Flötenspielerin: die Beine sind weggebrochen.

140. In der Sammlung des Herrn Prof. Komnos: angeblich in Attika gefunden. Beschrieben von Kekulé Bull. 1868 S. 51 no 19. Das Gewand ist weiss, die Lippen roth, die Flöten gelb gefärbt; das Ganze wohlerhalten.

Diese Figur einer alten aber im Charakter ihres Gewerbes bleibenden Flötenspielerin ist vortrefflich gemacht und bei Weitem die beste unter den karrikirten Figürchen, die mir in den athenischen Sammlungen vorgekommen sind. Leider bleibt die Abbildung weit hinter dem plastischen Original zurück.

141. In einer Privatsammlung, angeblich aus Böotien. Der grösste Theil des Figürchens trägt Spuren von Weiss, das Gesicht, die Mundöffnung, der Phallus zeigen Spuren von Roth; der Schild war vielleicht schwarz gefärbt.

Die Figur stellt augenscheinlich einen Soldaten aus der Komödie mit ausgestopftem Bauche dar. Über den aufgebundenen Phallus s. die erschöpfenden Nachweise bei Stephani C. R. 1869 S. 149 ff. Von thönernen Soldatenfigürchen, freilich anderer Art, spricht Dem. IV 20 ὥσπερ γὰρ οἱ πλάττοντες τοὺς πηλίνους, εἰς τὴν ἀγορὰν χειροτονεῖτε τοὺς ταξιάρχους καὶ τοὺς φυλάρχους, οὐκ ἐπὶ τὸν πόλεμον.

142. In der Sammlung des Herrn Prof. Komnos in Athen: angeblich in Attika gefunden. Beschrieben von Kekulé Bull. 1868 S. 54 no 20. Der Körper war weiss, die Haare röthlich gefärbt. Der Kopf, der durchbohrt ist, ist aufgesetzt. Seine Zugehörigkeit schien mir sehr zweifelhaft, da der Gesichtsausdruck zu der Haltung der Figur nicht passt. Über zwei verwandte Figuren s. Stephani C. R. 1865 S. 193, 194.

143. In einer Privatsammlung: die Herkunft ist unbekannt. Auf dem Körper sind Spuren von weisser, auf dem Haarnest von rother Farbe erhalten. Wahrscheinlich ist Leda dargestellt, an die wir durch die etwas zudringliche Annäherung des Vogels erinnert werden. Das mit einer Hand erhobene Gewand kehrt wieder an den Ledastatuen, welche Jahn Arch. Beitr. S. 2 Anm. 4 zusammenstellt: die Kleinheit des Vogels, die eher eine Gans als einen Schwan erkennen lässt, fällt gleichfalls an diesen und an anderen Ledastatuen Jahn a. a. O. S. 4 Anm. 7 auf, vgl. Stephani C. R. 1863 S. 23.

144. In der Sammlung des Herrn Prof. Komnos zu Athen: angeblich auf Melos gefunden. Beschrieben von Kekulé Bull. 1868 S. 57 no 29. Die Figur ist offenbar dem Feuer ausgesetzt gewesen: sie zeigt nur noch einzelne Spuren weisser Bemalung. Auf dem Gewand glaubte ich hie und da Reste hellblauer Färbung zu bemerken; doch sind dieselben unsicher. Der Kopf ist aufgesetzt, aber sicher zugehörig: an ihm ist keine Spur von Färbung erhalten.

Dass die Figur eine Astragalenspielerin sei, ergiebt sich aus der Vergleichung einer Terracottagruppe aus Canosa, beschrieben im Bull. 1866 S. 218 no 10, von der die eine Figur der in Rede stehenden in den wesentlichen Stücken gleicht. Vgl. auch die Figur bei Stackelberg Gräber der Hellenen Tf. 61. Eine weitere Replik in der Sammlung im Cultusministerium zu Athen erwähnt Kekulé a. a. O.

145. In der Sammlung des Herrn Prof. Komnos zu Athen: angeblich in Athen gefunden. Beschrieben von Kekulé Bull. 1868 S. 52 no 15.

Das Haar ist rothbraun gefärbt, der vordere Theil der Haube rosa, ebenso der Saum des Chiton am vorderen und hinteren Überschlag und am Fussende. Mit Zinnober ist der hintere Theil der Haube, die Halskette, die Lippen, die Abtheilung der Zehen und ihre Nägel gezeichnet; auch kommen auf den Achseln kurze Ärmel eines zinnoberrothen Untergewandes zum Vorschein. Die Augenbrauen und die Augensterne sind braun gezeichnet. Alles Übrige ist weiss.

Kekulé hat bereits auf die grosse Ähnlichkeit mit den sog. herculaneischen Tänzerinnen hingewiesen und nimmt an, dass auch hier ein Schema des Tanzes dargestellt sei. Augenscheinlich hatte das Mädchen mit beiden Händen das auf den Rücken hinabfallende Gewand erhoben.

Die Figur zeigt noch einen ernsten, ans Alterthümliche streifenden Stil, wie er in Terracottafiguren dieser Art sehr selten vorkommt.

146. In der Sammlung der archäologischen Gesellschaft.

Zwei Figürchen, die beschäftigt sind zu wippen. Auch die stehende scheint weiblich zu sein, obgleich die Bildung der Brust dem nicht recht entspricht.

147. In der Sammlung des Herrn Prof. Komnos zu Athen: angeblich in Attika gefunden. Beschrieben von Kekulé Bull. 1868 S. 51 no 1.

Die Gruppe schmückt die Vorderseite einer kleinen einhenkligen Vase, deren Hals und Rückseite den gewöhnlichen schwarzen Firniss zeigen. Der Kranz des Silen ist blau; die Blätter darüber, der untere d. i. der nicht umgeschlagene Theil des Schurzes und die Bodenerhöhung sind grün gefärbt. Die oberhalb des Silenskopfes angebrachte Erhöhung am Hals der Vase welche nicht ringsum geht, sondern etwa über den Ohren des S. senkrecht abschneidet ist lebhaft roth; ebenso das Gewand des Dionysos. Der Umschlag dieses Gewandes und das Haar des Dionysos sind vergoldet. Auf beiden Gesichtern und an der linken Hand des Silen sind Spuren von Fleischfarbe, an seinem linken Fusse Spuren von Hellblau. Der Grund zwischen seinen Beinen ist dunkelblaugrau bemalt. Der Umschlag des Scharnos zeigt Reste von Grau-violett.

Die anmuthige Gruppe des Papposilen, der auf dem linken Arm den kleinen Dionysos, in der rechten Hand einen Weinschlauch trägt, erinnert an die bekannte Marmorgruppe im Theseion. Kekulé no 39.

148. Relief, aus Knochen geschnitzt. Aufbewahrt in der National-Bank zu Athen, gefunden mit mehreren Grabsteinen und anderen Antiquaglien bei der Grundgrabung des heutigen Bankgebäudes. Nach Kumanudis Παλιγγενεσία 27 Juli 1865 no 703 hat über diese Ausgrabungen Conze Arch. Anz. 1866 S. 184* berichtet, und unter no 2 das vorliegende Relief beschrieben. Die erwähnten Grabsteine tragen die Inschriften bei Kumanudis Ἀττικῆς ἐπιγραφαὶ ἐπιτύμβιοι no 56. 983. 3200. 3314. Eine Grabstele mit der Inschrift ΜΕΝΕΚΡΑΤΟΥΟΑΘΕΝ finde ich bei Kumanudis nicht. Die von C. erwähnten 'zwölf knöchernen Gegenstände, die etwa so wie ein Frosch aussehen, aber mit einem Schwanze', sehen vielmehr wie eine gerupfte Gans aus und haben genau die Form der Marke der Kestnerschen Sammlung Mon. dell Inst. IV 53, 28, welche Henzen Ann. 1848 S. 285 ebenso beschreibt. Ich habe nur neun Stück gesehen mit den Nummern I IIII VI VII VIII 2 Exemplare VIIII X XII. Ebensolcher Marken sind eine Anzahl in Pompeji gefunden und waren vor einigen Jahren im dortigen Localmuseum zu sehen.

Die kleine Platte ist in mehrere Stücke zerbrochen und unvollständig erhalten. Doch erkennt man ein weit ausschreitendes Weib in einem gegürteten Chiton, der die rechte Brust unbedeckt lässt. Sie hat mit der linken Hand den linken Arm eines nackten Knaben gefasst, den sie durch die Luft über sich zu schwingen scheint, vielleicht um ihn in das vor ihr angedeutete Feuer zu schleudern. Die Rechte scheint erhoben gewesen zu sein und den Thyrsos geschwungen zu haben, von dem man in der linken oberen Ecke der Platte den Pinienapfel und rechts unten ein Stück des Stabes sieht. Kumanudis hat dabei an Eur. Bakch. 742 ff. erinnert ὥστε πολέμιοι Ἐπεσπεσοῦσαι πάντ' ἄνω τε καὶ κάτω διέφερον, ἥρπαζον μὲν ἐκ δόμων τέκνα.

Die Ausführung ist sehr mangelhaft, namentlich sind die Proportionen in störender Weise verfehlt. Gewiss gehört das Relief später Zeit an, auf welche auch die übrigen an derselben Stelle gemachten Funde hinweisen.

149. Bruchstücke einer cylinderförmigen Büchse aus Elfenbein oder Knochen, jetzt in der Sammlung im Cultusministerium. Gefunden bei Ἁγία Τριάδα. Die geschnitzte Schale war vermuthlich inwendig mit einem Gefäss aus anderem Material gefüttert, um sie an diesem zu befestigen, werden die unten bei ABC und in der rechten oberen Ecke erhaltenen Löcher gedient haben. In A und B haben sich noch Metallnägel erhalten.

Man erkennt in einem am Boden stehenden Becken ein kleines Kind, an dessen Kopf eine dahinter kauernde weibliche Figur einen Schwamm oder ein Tuch ausdrückt, während eine zur Linken knieende wie es scheint, Wasser in das Becken angiesst. Dieser letzteren legt eine hinter ihr stehende Figur die Hand auf die Schulter; dieselbe stützt mit der Linken eine Lanze auf, und da ausserdem auf dem kleinen Stücke was von ihrer Brust erhalten ist, der Rand einer Ägis zum Vorschein kommt, darf man sie für Athena halten. Schwieriger ist die rechts stehende, augenscheinlich gleichfalls weibliche Figur zu deuten. Der Stab, den sie in der Linken hält, mag ein Thyrsos gewesen sein; ihre Rechte ist erhoben, als ob sie der erst-erwähnten kauernden Figur etwas auf den Kopf setzte; indessen hat es mir auch vor dem Original nicht gelingen wollen festzustellen, was mit diesem Gestus gemeint war. Kekulé glaubt ein im Hintergrunde hoch aufgestelltes Gefäss zu erkennen, nach welchem die erhobene Hand fasst; die Figur würde dann im Begriff sein, noch etwas in das Becken zu giessen. Die ganze Scene ist wahrscheinlich auf die Pflege des Dionysosknaben zu beziehen, wobei man an eine mit verwandten Gegenständen verzierte Elfenbeinbüchse der Sammlung Pelagi A. Z. 1846 Tf. 38, jetzt vermuthlich in Bologna, erinnert wird.

Berichtigungen.

S. 4 Z. 1. 'Φαρθενχ-'.
S. 6 no 2 und 6. Eine sehr verwandte Gruppe erscheint auf der noch nicht sicher gedeuteten Vase des Lasimos, Passeri Pict. Etr. in vasc. Tf. CCLXXIV; Winckelmann Mon. ined. no 142; Millin Gall. myth. CLXIX 641 und Vases peints II 37. 38; Overbeck Gall. her. Bildw. Tf. 29, 1.
S. 7 Z. 32: 'no 42.'
S. 19 Z. 31. Es liegt nahe, Z. 15 dieser Inschrift zu ergänzen τίλειον τοῖς Λεγ... doch bietet der S. 20 Z. 3 angeführte Stein keine ganz zutreffende Analogie.
S. 20 Z. 34. Ob nicht auch die Bruchstücke für Methone, Neapolis, Samos, Kios oder Ikos auf Kosten dieser Staaten angefertigt und aufgestellt sind, wissen wir nicht, da sie nicht vollständig erhalten sind.
S. 23 Z. 10. 'Παρθένος.'
S. 36 Z. 32 'schienen.'
S. 18 Z. 15: 'τριάδιμον.'
S. 58 Z. 24. Vgl. Visconti Mus. Worsl. zu Tf. IV
S. 60 Z. 11 v. u. 'Apollo als Hirte. Die Richtigkeit der Deutung wage ich hier so wenig wie für das S. 62 Z. 1 unter 31 aufgeführte Relief zu behaupten.
S. 64 Z. 18. Näher liegt die Deutung auf eine Hore.
Z. 45. Eine ähnliche Terracottafigur Bull 1864 S. 31 no 3.

Taf. V. VI.

Taf. VII.

Taf. XII.

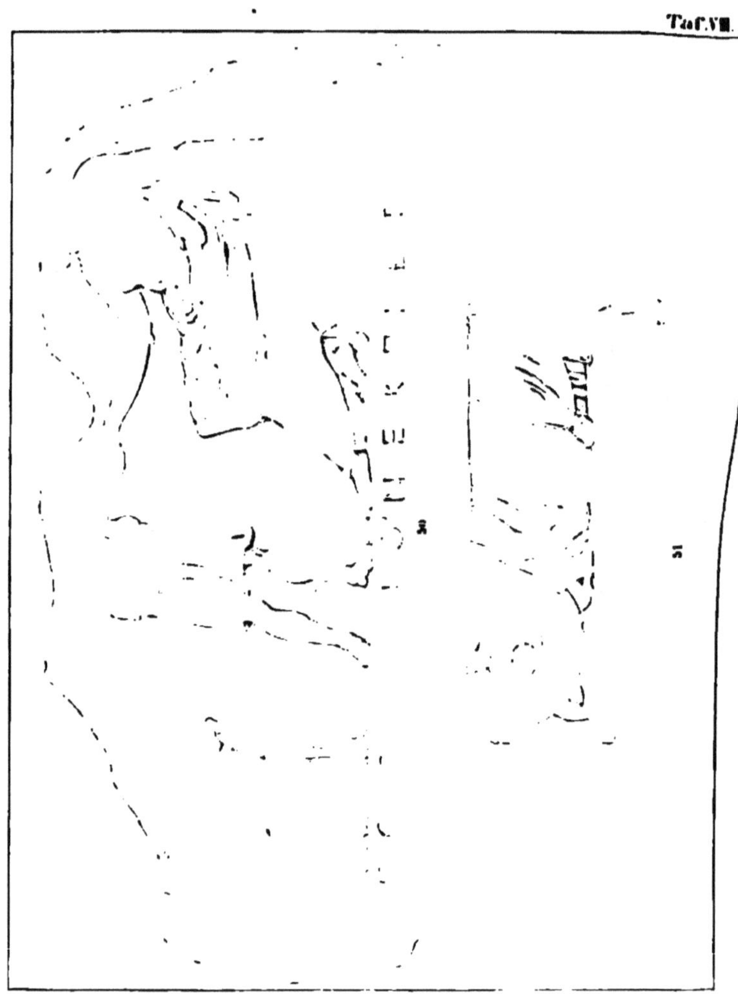
50
51

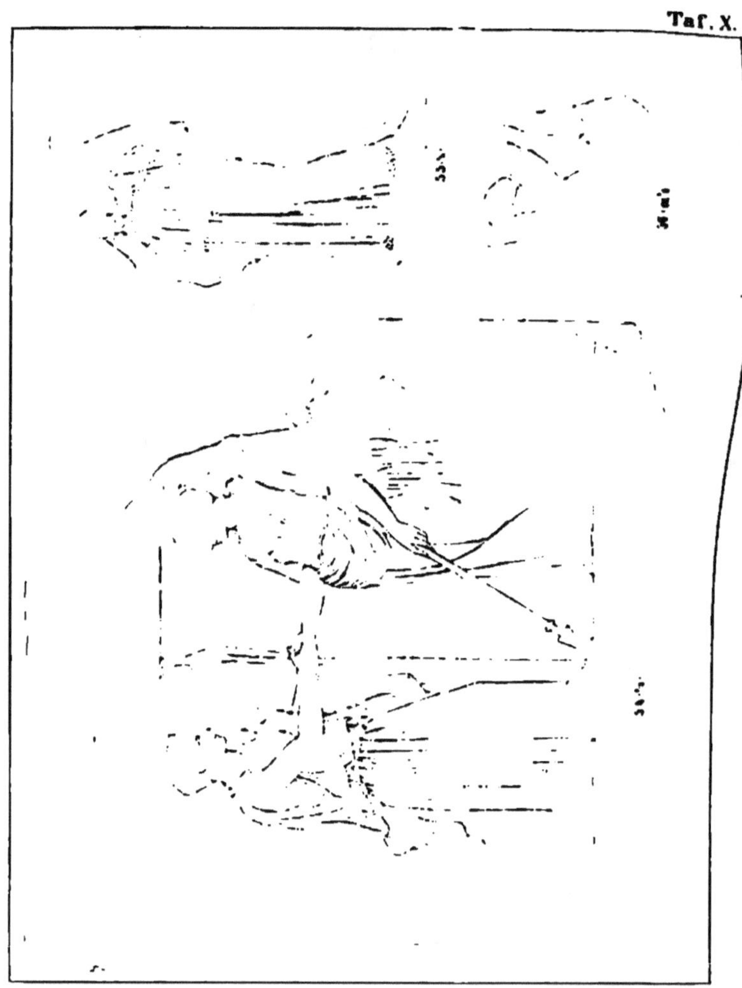

Taf. XI.

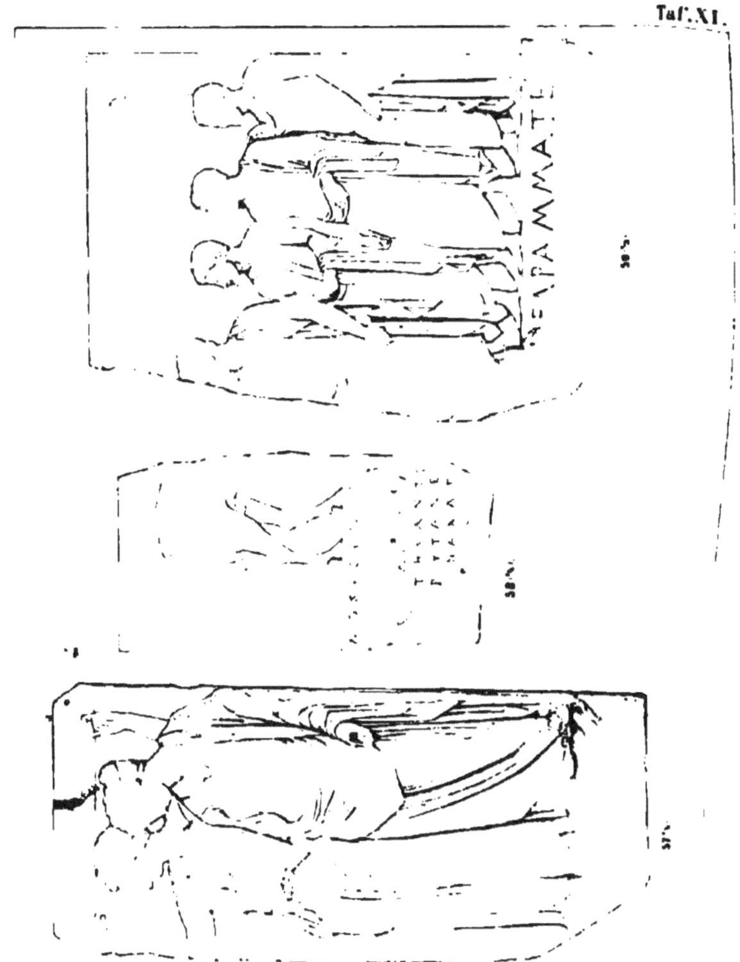

60

61

62

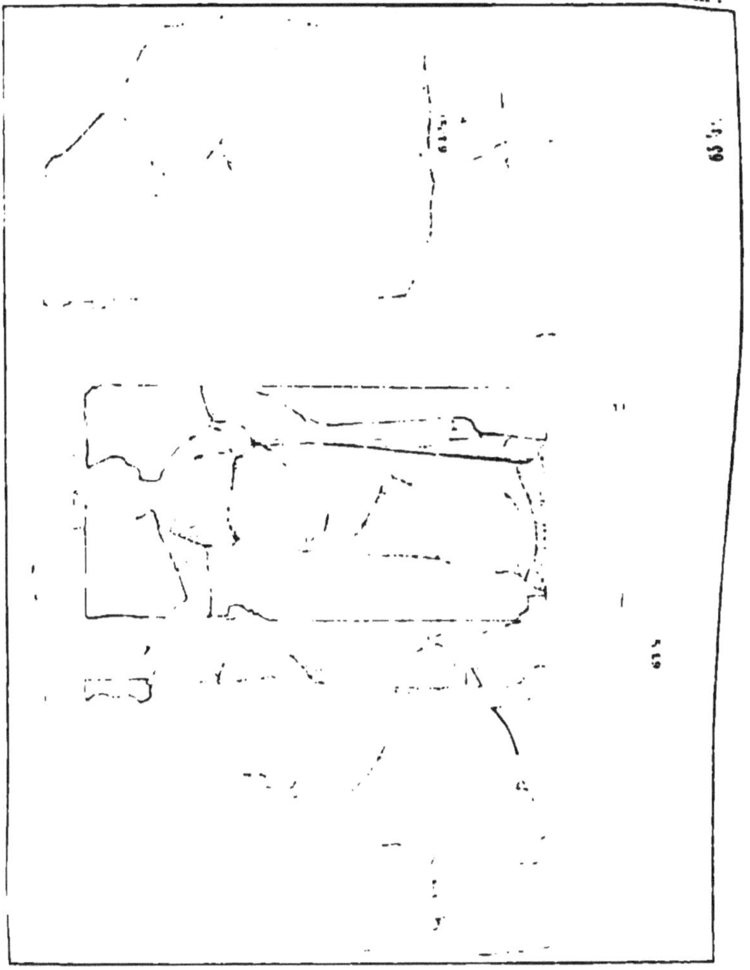

Taf. XIII.

Taf. XIV.

Taf. XV.

Taf. XV.

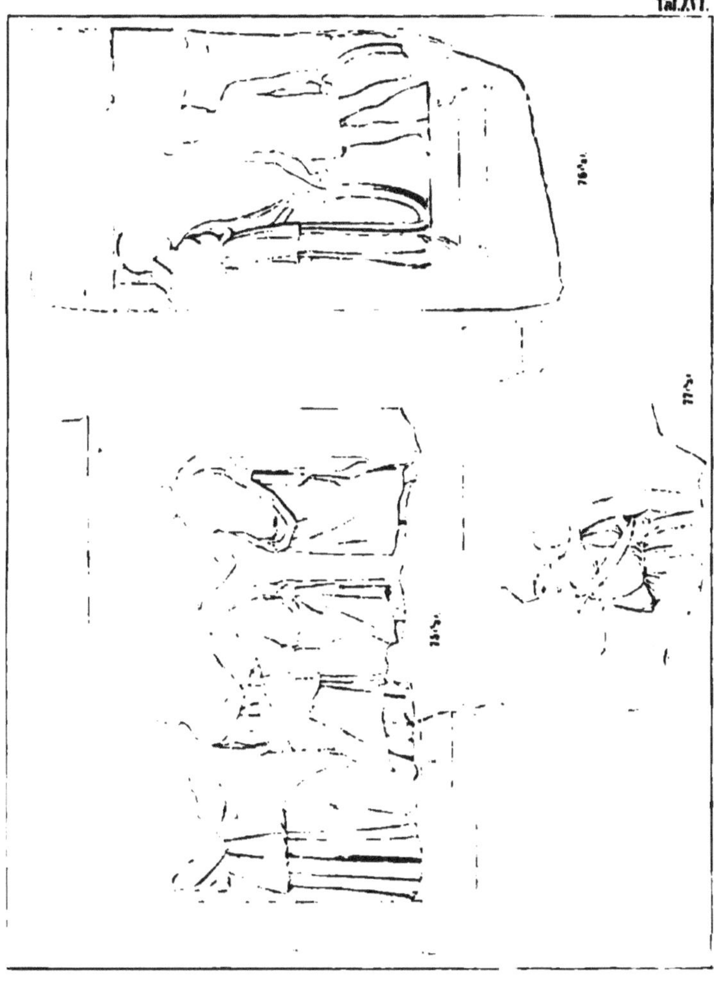

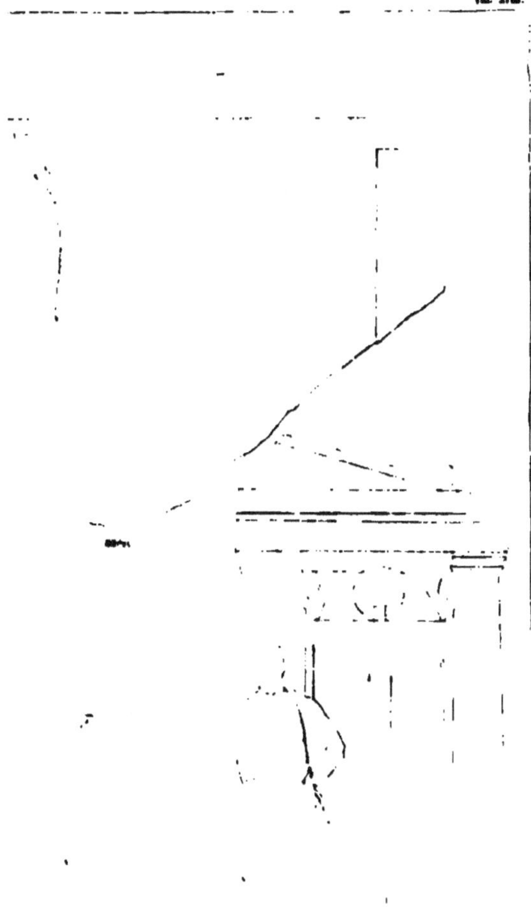

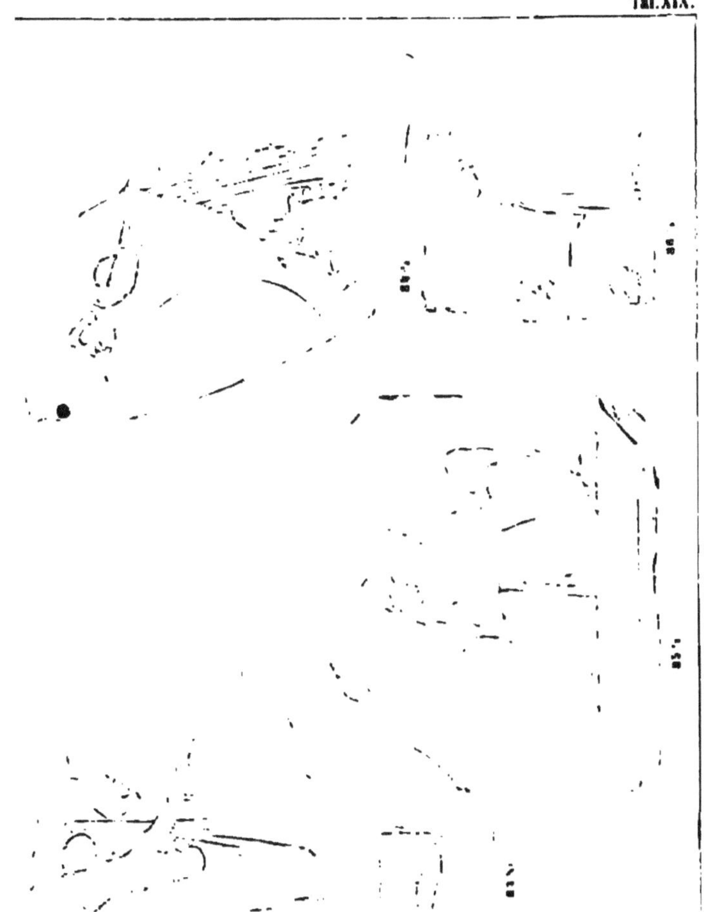

89. 1/8

87. 1/2

90. 1/8

Taf XX[illegible]

Taf XXIII

Taf. XXIV.

102

103

104

105

Taf. XXVI.

106.

107.

108.

109.

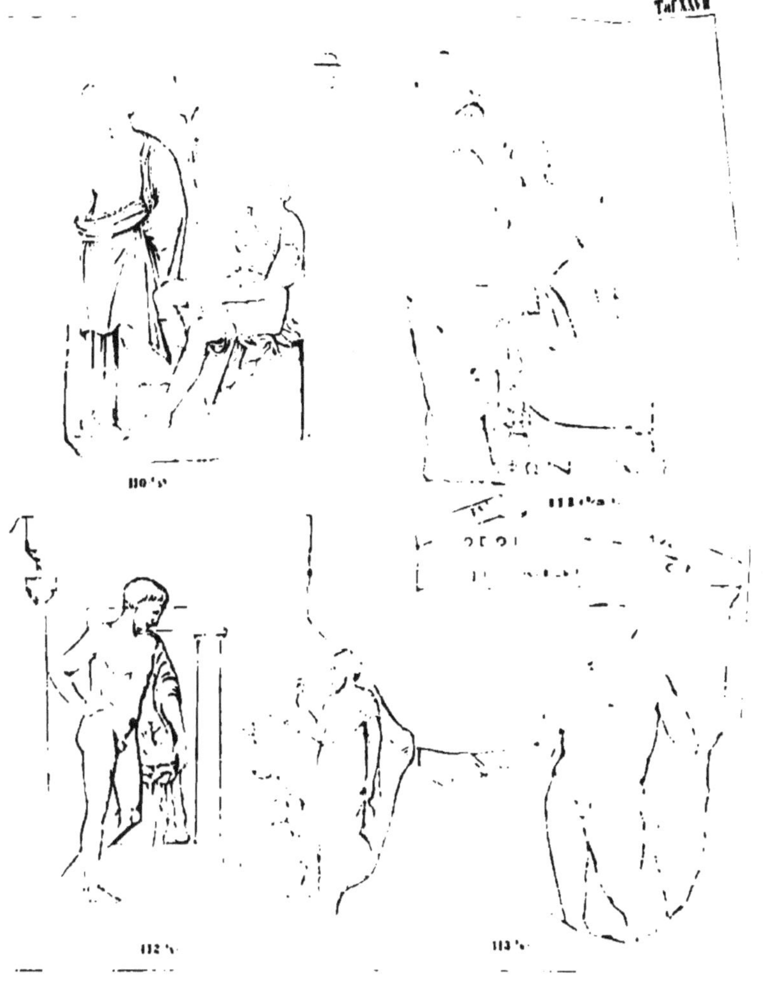

110

111

112

113

Taf. XXVIII.

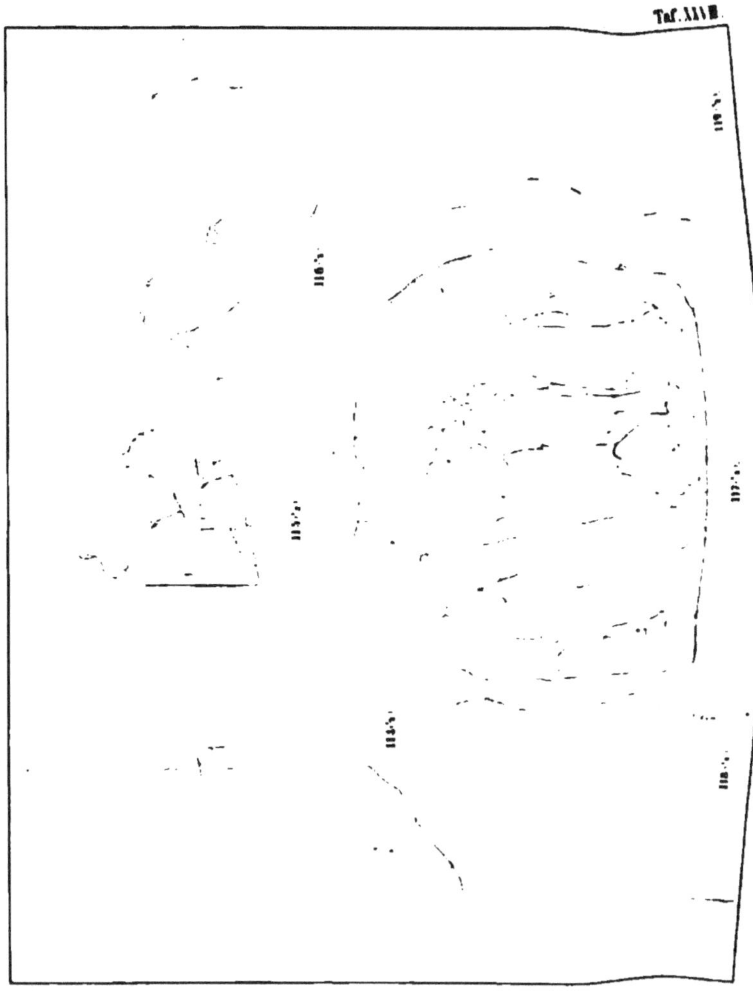

Taf. XXIX.

Taf. XXX.

126 (½).

127 (½).

Taf. XXXI.

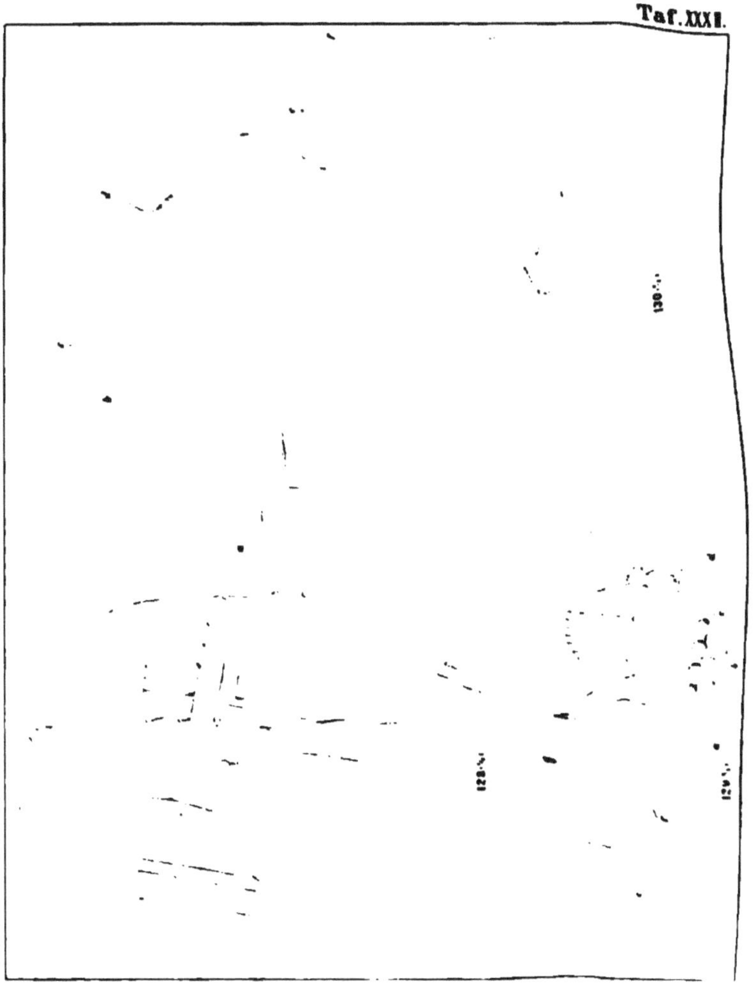

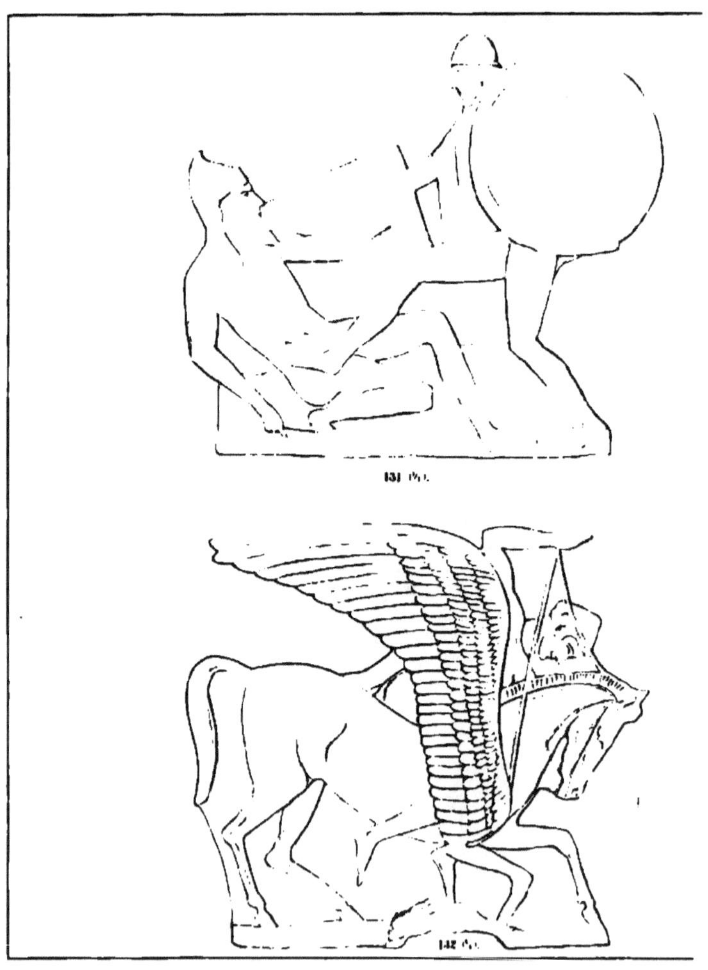

131

142

Taf. XXXIII. XXXIV

133 ½

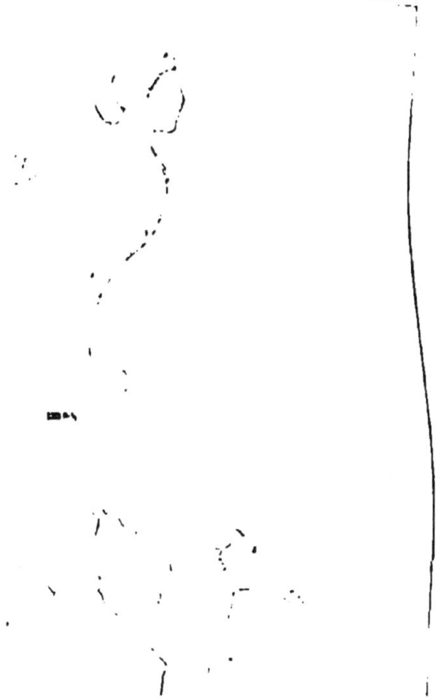

Taf. XXIII.4

Taf. XXXV.

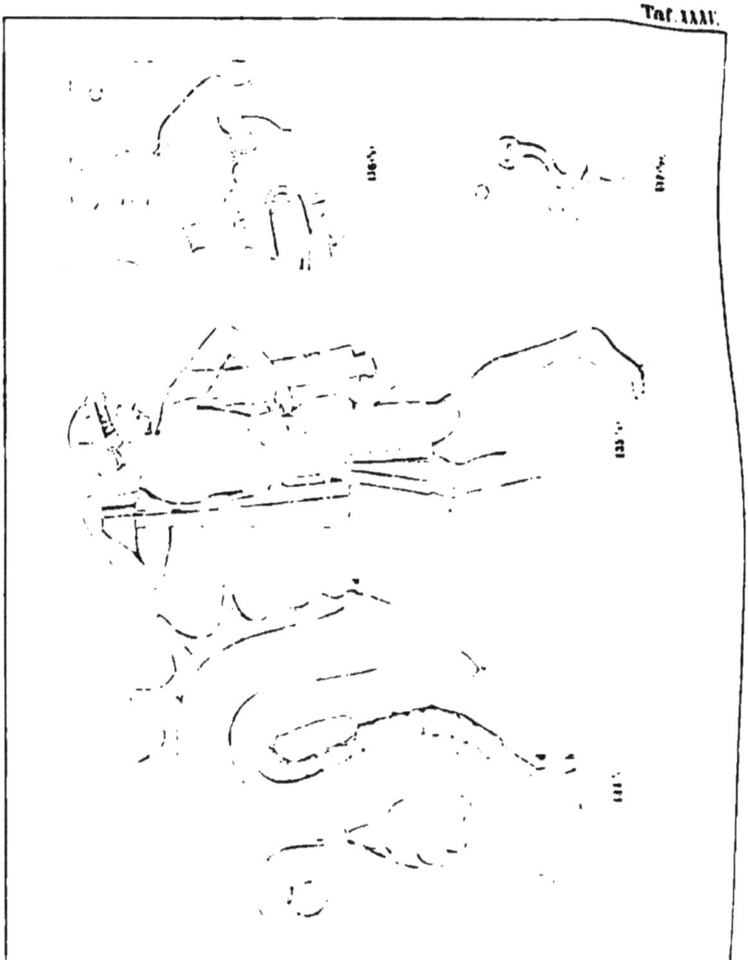

138
139
141
142

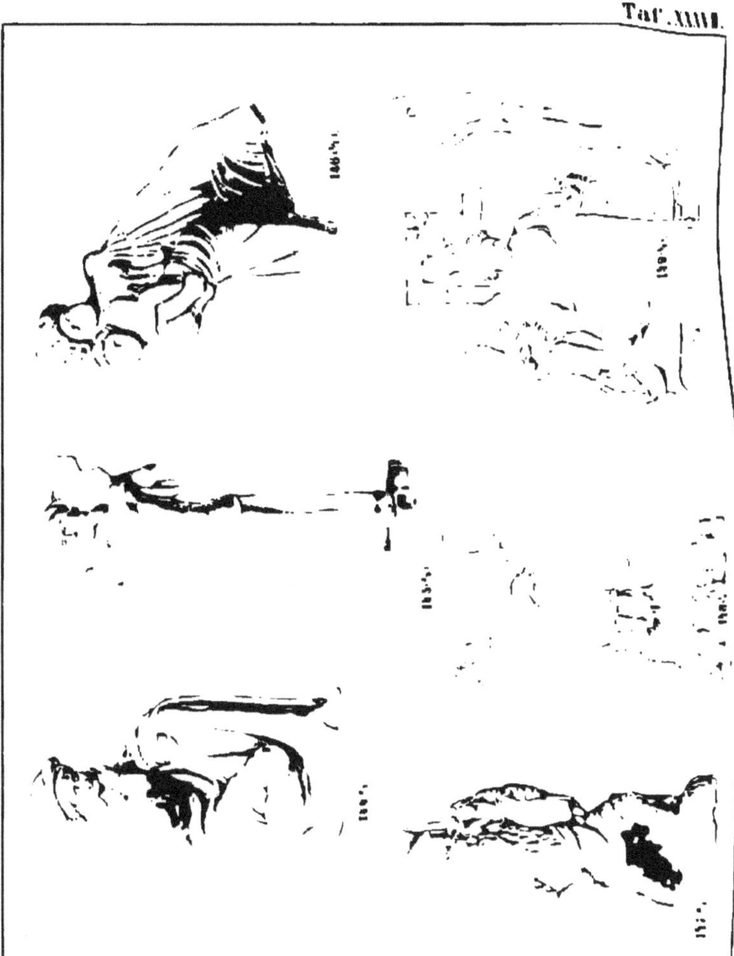

www.ingramcontent.com/pod-product-compliance
Lightning Source LLC
Chambersburg PA
CBHW031355160426
43196CB00007B/821

* 9 7 8 3 7 4 4 6 4 4 0 2 0 *